L'eco dell'infanzia

Quando le ferite dell'infanzia tracciano il nostro cammino

Pietro Sangiorgio

DEDICA

A mio figlio, **Andrea**, la luce più brillante della mia vita, la persona che amo più di ogni altra al mondo. Questo libro è per te, che mi supporti e sopporti con una pazienza che a volte nemmeno io riesco a comprendere. Sei il mio faro, la mia ispirazione, la ragione per cui non smetto mai di crescere e imparare. Ogni pagina, ogni parola che ho scritto, è nata anche dal desiderio di essere un padre migliore per te.

A **B.**, che mi ha insegnato una lezione preziosa, forse la più importante in assoluto: capire cosa voglio davvero da una relazione e riconoscere cosa non era più giusto per me, nonostante l'amore profondo che ho provato. Quel capitolo della mia vita è stato intenso, complesso, pieno di emozioni, e ha lasciato in me un segno indelebile. A modo tuo, mi hai spinto a cercare una verità più grande su me stesso e sulle relazioni.

A **V.**, una delle fonti più potenti e preziose di comprensione sulla ferita del tradimento e dell'umiliazione. Attraverso ciò che mi hai mostrato – direttamente o indirettamente – ho trovato risposte che non avrei mai immaginato di poter raggiungere. Anche nei momenti più difficili, sei stata parte di questo viaggio.

Alla mia carissima amica, **Sveva**, una compagna di riflessioni, di illuminazioni, di lunghe conversazioni che hanno acceso nuove consapevolezze dentro di me. Ogni parola scambiata con te ha lasciato un'impronta, una scintilla, un dono per il mio cammino.

Anche se in queste righe ho scelto di usare solo iniziali, questo non riduce il bene che vi voglio. L'amore, quello vero, non si cancella, nonostante tutto. Per quanto riguarda il rispetto... beh, quello è un discorso diverso, più complesso, più fragile. Ma a prescindere da tutto, vi auguro il meglio, sempre. Che la vita possa portarvi la serenità, la felicità e la crescita che meritate.

Con affetto e gratitudine,
Pietro

Con affetto e gratitudine,
Pietro

L'ECO DELL'INFANZIA

Sommario

L'ECO DELL'INFANZIA

L'ECO DELL'INFANZIA

RINGRAZIAMENTI

Scrivere un libro non è mai un atto solitario. È un viaggio fatto di scoperte, ispirazioni e gratitudine. E, ora che questo viaggio si è concluso, sento il bisogno profondo di ringraziare coloro che, in modi diversi, lo hanno reso possibile.

A **Lise Bourbeau**, autrice del libro Le 5 Ferite e Come Guarirle, il mio grazie più sincero. Le sue parole mi hanno aiutato a svelare un altro tassello fondamentale del comportamento umano. Ogni pagina del suo libro ha illuminato con chiarezza aspetti che sentivo, ma non avevo ancora compreso appieno. È stata una guida silenziosa ma potente, che ha aggiunto profondità e significato al mio lavoro.

A **Stefano Benemeglio**, il mio maestro, il mio faro. Le sue scoperte e gli insegnamenti nelle Discipline Analogiche mi hanno spalancato le porte del mondo dell'inconscio, permettendomi di collegare le ferite emotive a un linguaggio più profondo e universale. Stefano, ciò che hai creato non è solo una metodologia: è una rivoluzione. Una rivoluzione che ha stravolto la mia vita, costringendomi a guardarmi dentro, a rimettere in discussione tutto ciò che credevo di sapere. Grazie a te, ho imparato che le ferite emotive non sono altro che un frammento del grande puzzle che è l'essere umano. E in quel puzzle, le tue Discipline Analogiche sono la chiave che apre le porte della comprensione.

Oggi, molto di ciò che sono lo devo a te, Stefano. A quel tuo modo unico di accompagnare chi ti ascolta verso la verità, senza mai imporre, ma sempre mostrando. Sei stato il maestro che ogni allievo sogna di incontrare: capace di trasmettere non solo conoscenza, ma passione, curiosità, e soprattutto una profonda fiducia nell'immenso potenziale umano.

A voi due, Lise e Stefano, va la mia eterna gratitudine. Questo libro non esisterebbe senza le vostre intuizioni, il vostro lavoro, il vostro coraggio. Avete gettato ponti su terreni che molti non osano esplorare, e io non posso che essere onorato di aver potuto percorrerli grazie a voi.

E infine, un grazie a te, lettore. A chiunque abbia scelto di immergersi in queste pagine, di affrontare le proprie ferite e di accogliere la possibilità della trasformazione. Questo libro è anche per te, per ricordarti che non sei solo in questo viaggio. C'è sempre una strada che conduce alla luce, anche quando il buio sembra impossibile da attraversare.

Grazie a tutti voi, per essere parte di questa storia.

Introduzione

Ci sono momenti, nel corso della vita, in cui il dolore ci attraversa come un fulmine. Non lo vediamo arrivare, ma quando colpisce, lascia dietro di sé frammenti. Piccoli pezzi della nostra anima, sparsi come cocci di un vaso che era un tempo integro. È una sensazione che conosciamo tutti, anche se raramente ne parliamo. La chiamano ferita emotiva, ma in fondo è qualcosa di più: è un solco invisibile che ci guida, a volte senza che ce ne accorgiamo.

Mi ricordo la prima volta che ho avvertito questa verità. Era notte fonda, ed ero immerso in pensieri che non trovavano pace. La stanza era immersa nel silenzio e guardavo dalla finestra il cielo sereno e stellato, ma dentro di me c'era una tempesta. La domanda mi colpì improvvisamente, come un sussurro che non potevo ignorare: **"E se ogni ferita che portiamo fosse una chiave? Una porta verso qualcosa di più profondo, una verità nascosta su chi siamo?"**

Da lì, tutto iniziò a cambiare.

Cinque Solchi, Cinque Strade

Immagina un cammino, diviso in cinque sentieri. Ogni sentiero rappresenta una ferita, un'emozione che ti accompagna, ti plasma, ti guida. Questi sentieri non sono facili da percorrere: sono intricati, a volte oscuri. Eppure, se osi seguirli, conducono a una nuova consapevolezza, a un nuovo senso di libertà.

La ferita del **Rifiuto** è la più silenziosa. È un'ombra sottile, una voce che sussurra: "Non sei abbastanza". È la mano che si ritira, lo sguardo che evita. Porta con sé una solitudine che può sembrare eterna, eppure, nel suo dolore, cela un bisogno disperato di connessione.

L'**Abbandono** è un grido soffocato. È il gelo di una stanza vuota, la porta che si chiude lasciandoti indietro. È la paura di rimanere soli, che ti spinge a legarti troppo, a cercare qualcuno che riempia quel vuoto che sembra non poter essere colmato.

Poi c'è l'**Umiliazione**, la più crudele di tutte. Ti sussurra che non sei abbastanza, che non meriti il rispetto. Ti piega, ti fa abbassare lo sguardo. È una ferita che toglie dignità, ma che, nella sua profondità, può insegnarti a risorgere.

Il **Tradimento** è un fulmine a ciel sereno. È la promessa non mantenuta, l'attesa che si trasforma in delusione. È la mano che si tende verso di te solo per lasciarti cadere. È una ferita che crea muri, ma dentro quei muri può celarsi la tua forza.

E infine c'è l'**Ingiustizia**, il peso che portiamo quando il mondo ci appare sbagliato. È la bilancia che pende sempre dalla parte opposta, il senso di controllo che cerchiamo disperatamente di mantenere. È rigore, perfezionismo, ma anche rabbia. Eppure, nella lotta contro l'ingiustizia, c'è il potenziale per scoprire il nostro vero valore.

Maschere: Le Nostre Prigioni

Con ogni ferita, indossiamo una maschera. Una protezione che ci permette di sopravvivere, ma che lentamente si trasforma in una prigione. Dietro ogni sorriso forzato, ogni fuga, ogni rigidità, c'è un bambino che teme di soffrire ancora. Ma quanto tempo possiamo sopravvivere dietro quelle maschere, prima che diventino insopportabili?

Un Viaggio di Guarigione

Quello che scoprirai in queste pagine è che non esiste una strada facile. La guarigione non è un sentiero dritto, ma un labirinto fatto di ostacoli, ricordi e scoperte. Ma è un viaggio necessario. Perché il dolore non è il tuo nemico: è il tuo maestro.

Le ferite non ci rendono deboli; ci rendono umani. E ogni cicatrice è un promemoria: siamo sopravvissuti. Questo libro è il tuo compagno di viaggio. Ti guiderà lungo le strade della consapevolezza e ti mostrerà che oltre il dolore c'è un mondo di possibilità. Non devi nascondere le tue ferite. Devi trasformarle.

Guardai di nuovo il cielo quella notte, e compresi. Ogni stella che brillava era come una ferita: una luce che splendeva più forte proprio perché aveva superato l'oscurità.

Le Ferite che ci Plasmano

L'Inizio del Dolore

Ci sono ferite che non fanno rumore, eppure stravolgono la nostra esistenza. Non si manifestano con un taglio o un livido: sono silenziose, sottili, ma persistenti. Sono quei momenti che ci restano dentro, che si intrecciano al nostro modo di vivere e diventano parte di ciò che siamo. All'inizio, non le vediamo chiaramente. Non capiamo cosa siano né da dove provengano. Semplicemente, ci accorgiamo che qualcosa non va.

Ti è mai capitato di sentire un vuoto che non riesci a colmare? Un senso di inadeguatezza che emerge nei momenti più inaspettati? È lì che tutto ha inizio. Quel vuoto non nasce oggi. È una somma di momenti passati: una mano che non ci ha accarezzato quando ne avevamo bisogno, una voce che ci ha ignorato, uno sguardo che ci ha fatto sentire invisibili.

La verità è che le ferite emotive si formano quando siamo più vulnerabili, nei nostri anni più teneri. Da bambini, non abbiamo gli strumenti per capire che un genitore distratto non significa che non ci ami, o che un'ingiustizia non è sempre colpa nostra. Non abbiamo filtri né corazze: viviamo tutto in modo puro, assoluto, totalizzante. Ed è proprio per questo che ogni piccolo dolore diventa una crepa nel nostro cuore.

Immagina un bambino che aspetta con ansia il ritorno di suo padre. Ha preparato un disegno, ha mille storie da raccontare. Ma il padre non arriva. Un contrattempo, una giornata di lavoro lunga. Per l'adulto, è una dimenticanza insignificante. Per il bambino, è un uragano emotivo. Si sente dimenticato, meno importante di quel "qualcosa" che ha trattenuto il padre. E anche se il genitore torna, anche se cerca di spiegare, quella crepa rimane.

Cresciamo così, raccogliendo piccoli traumi, crepe che si sommano una all'altra. E quando diventiamo adulti, iniziamo a costruire muri intorno a quelle ferite. Pensiamo che ignorarle sia la soluzione, che nascondendole smetteranno di farci male. Ma le ferite emotive non scompaiono. Continuano a influenzarci: nelle nostre relazioni, nei nostri sogni, persino nelle decisioni più banali.

Eppure, c'è qualcosa di potente in questo dolore. Non è un nemico, anche se a volte lo trattiamo come tale. È un messaggero. Ogni ferita che ci portiamo dentro ha qualcosa da insegnarci, un segreto da svelare. Ma per ascoltarla, dobbiamo prima smettere di fuggire.

Il Rifiuto: Il Sussurro dell'Insufficienza

Il rifiuto non ha bisogno di essere gridato per farsi sentire. È la porta che si chiude piano, lo sguardo che scivola via, la mano che non viene stretta. Un bambino percepisce queste cose come sentenze definitive: "Non sono abbastanza. Non valgo."

Cresciamo con quel sussurro che diventa un sottofondo costante nella nostra mente. Forse ci diciamo che non ci importa, che possiamo vivere senza il giudizio degli altri. Ma in realtà, ogni relazione, ogni decisione è segnata da quel primo, devastante messaggio: "Non meriti."

E così impariamo a fuggire. Non corriamo per scappare dagli altri, ma dal rischio di essere rifiutati ancora. Ci ritiriamo in un angolo sicuro, ma quell'angolo diventa una prigione. E ci troviamo soli, incapaci di vivere pienamente, senza capire che il vero nemico non è il rifiuto degli altri, ma quello che infliggiamo a noi stessi.

L'Abbandono: Il Vuoto Che Resta

Se il rifiuto è un'ombra, l'abbandono è un vento gelido che ti attraversa e ti lascia vuoto. Non è solo un genitore che va via o un partner che ti lascia: è la sensazione di non essere mai abbastanza importante per qualcuno. È il bambino che si addormenta da solo perché nessuno è venuto a leggergli una storia. È l'adulto che cerca disperatamente un segno di affetto in un messaggio che non arriva.

Questa ferita lascia un vuoto che cerchiamo di colmare aggrappandoci agli altri. Diventiamo dipendenti, ma non perché siamo deboli: lo facciamo perché temiamo di cadere in quel vuoto e di non riuscire a risalire. Cerchiamo amore, ma nel farlo, spesso ci leghiamo a chi non può darcelo o accettiamo meno di ciò che meritiamo, perché la paura della solitudine sembra più grande di tutto.

L'Umiliazione: La Voce della Vergogna

C'è un tipo di dolore che non si dimentica: la vergogna. È come una mano che ti spinge verso il basso, un peso che ti schiaccia fino a farti sentire minuscolo. Non importa quanto cerchi di rialzarti: quella voce nella tua mente continua a ripeterti che non sei degno, che non vali abbastanza.

L'umiliazione può venire da chiunque: un genitore che ti critica davanti agli altri, un insegnante che ti deride per un errore, un amico che ridicolizza i tuoi sentimenti. All'inizio, ci sembra di poterla ignorare, ma poi ci accorgiamo che ci ha cambiati. Iniziamo a tollerare cose che non dovremmo, a piegarci di fronte a chi ci ferisce, perché crediamo di non meritare di meglio.

Ma sotto quel peso c'è una scintilla. L'umiliazione non può spegnerla del tutto, perché dentro di noi c'è la forza di rialzarci. E quando lo facciamo, scopriamo che quella forza è più grande di qualsiasi critica.

Il Tradimento: Il Taglio nella Fiducia

Il tradimento non è solo un atto: è una frattura. Non spezza solo il legame con chi ci ha feriti, ma anche la fiducia che abbiamo negli altri. È come un vetro incrinato: per quanto cerchiamo di ignorare la crepa, vediamo tutto attraverso quel difetto.

Chi subisce un tradimento spesso sviluppa un bisogno ossessivo di controllo. Non vogliamo essere feriti di nuovo, quindi costruiamo muri, dettiamo regole, ci assicuriamo che nulla sfugga al nostro controllo. Ma quei muri ci isolano, e quelle regole ci intrappolano.

La vera sfida del tradimento non è impedire che accada di nuovo: è imparare a fidarci ancora. Non solo degli altri, ma di noi stessi, della nostra capacità di guarire.

L'Ingiustizia: Il Fuoco del Perfezionismo

L'ingiustizia è una ferita che brucia. È la sensazione che il mondo sia contro di te, che le regole non valgano per tutti allo stesso modo. È il bambino che vede un fratello ricevere un trattamento migliore. È l'adulto che lavora più duramente di chiunque altro, ma non viene mai riconosciuto.

Chi soffre questa ferita spesso cerca di compensarla con il perfezionismo. Crediamo che, se saremo abbastanza bravi, abbastanza impeccabili, nessuno potrà mai trattarci ingiustamente. Ma quel perfezionismo è una fiamma che brucia dentro di noi, consumandoci poco a poco.

La vera giustizia non è esterna: è accettare noi stessi, con tutte le nostre imperfezioni, e smettere di pretendere la perfezione dagli altri.

L'ECO DELL'INFANZIA

Le Ferite come Maestre

A volte, ci chiediamo perché continuiamo a soffrire per le stesse cose. Perché ci innamoriamo sempre della persona sbagliata. Perché scegliamo un lavoro che ci logora. Perché, nonostante i nostri sforzi, ci ritroviamo sempre di fronte alle stesse delusioni. La risposta è nascosta nel profondo: le nostre ferite emotive non sono solo segni del passato, ma diventano forze che modellano il nostro presente.

Secondo le Discipline Analogiche, l'essere umano cerca, inconsapevolmente, di ricreare le condizioni che gli hanno causato il turbamento emotivo originale. È come se, dentro di noi, esistesse una mappa invisibile che ci guida verso situazioni, persone e relazioni capaci di farci provare, ancora e ancora, quelle stesse emozioni che ci hanno ferito. È un processo del tutto inconscio, una dinamica che sfugge alla logica, ma che ci lega a un ciclo apparentemente infinito.

Chi porta dentro di sé la ferita del **Rifiuto**, ad esempio, si sentirà attratto – o meglio, agganciato emotivamente – a persone che, prima o poi, lo faranno sentire escluso o non abbastanza. Non perché voglia soffrire, ma perché il rifiuto è diventato una parte fondamentale del suo mondo emotivo. Riviverlo è come tornare a un luogo familiare, per quanto doloroso. È il modo in cui il suo inconscio cerca di affrontare e risolvere quel dolore originario. Ma spesso, anziché risolverlo, lo perpetua.

Lo stesso accade per la ferita dell'**Abbandono**. Chi porta questa ferita tende a legarsi a persone che, in un modo o nell'altro, si dimostreranno inaffidabili o distanti. Potrebbe sembrare una scelta sbagliata, una sorta di masochismo emotivo, ma in realtà è il modo in cui il suo sistema interno cerca di comprendere e superare la paura della solitudine. Ogni volta che quella persona viene lasciata, il suo inconscio cerca di riscrivere la storia, sperando, questa volta, di ottenere un finale diverso. Ma il risultato è spesso lo stesso.

E che dire della ferita del **Tradimento**? Chi è stato tradito tende a cercare relazioni che, alla fine, metteranno nuovamente alla prova la sua fiducia. È come se, inconsciamente, volesse dimostrare a sé stesso che può fidarsi, che non tutti tradiranno. Ma nel tentativo di farlo, si lega a persone che, paradossalmente, non fanno altro che confermare le sue paure.

Questo schema, apparentemente crudele, è in realtà una lezione. Non è una punizione, ma un invito. Ogni volta che riviviamo il dolore della nostra ferita, la vita ci sta dando un'opportunità: quella di vederla, affrontarla e, infine, trasformarla.

L'Illusione della Guarigione

La maggior parte di noi cerca di guarire fuggendo. Evitiamo persone che ci ricordano il passato, cambiamo lavoro, interrompiamo relazioni. Ma il dolore ci segue, perché la vera guarigione non è un atto di fuga, ma di comprensione. Finché non riconosciamo il ruolo delle nostre ferite, continueremo a ricreare inconsciamente quelle stesse dinamiche.

Il primo passo è vedere chiaramente. Riconoscere che ciò che ci accade non è solo casualità, ma un riflesso delle nostre ferite interiori. Solo allora possiamo iniziare a interrompere il ciclo. Non cercando di evitare il dolore, ma imparando a rispondere ad esso in modo diverso.

La Luce dietro il Dolore

Se c'è una cosa che le nostre ferite ci insegnano, è che il dolore può essere un maestro straordinario. Ogni volta che affrontiamo quel turbamento emotivo, ogni volta che ci rendiamo conto di essere agganciati a una dinamica che ci fa soffrire, ci viene data una scelta: continuare a ripetere il passato o creare qualcosa di nuovo.

Immagina che ogni ferita sia una porta chiusa. Per anni, abbiamo cercato di evitarla, pensando che fosse un muro. Ma quando troviamo il coraggio di avvicinarci, ci accorgiamo che quella porta può essere aperta. E oltre, c'è una stanza luminosa, una parte di noi stessi che non conoscevamo.

La guarigione non è un viaggio lineare. Non si tratta di eliminare le ferite, ma di integrarle, di vederle per ciò che sono: strumenti di trasformazione. Ogni volta che smettiamo di fuggire e ci permettiamo di sentire, ogni volta che riconosciamo il nostro dolore senza giudizio, facciamo un passo verso quella stanza luminosa. E lì, troviamo qualcosa che non ci aspettavamo: pace, forza, autenticità.

L'ECO DELL'INFANZIA

Capitolo 1: Il Rifiuto – L'Ombra dell'Essere Invisibili

Il rifiuto è una ferita che non urla, non si mostra apertamente, ma si insinua dentro di noi come un filo invisibile, silenzioso. Nasce da piccoli momenti, quasi impercettibili, e cresce, fino a diventare una parte di noi. Non lo vediamo arrivare, perché si nasconde nei gesti mancati, nei silenzi, negli sguardi che non ci trovano. È il bambino che tende le braccia verso un genitore e non viene preso. È il disegno mostrato con orgoglio e accolto con una distratta approvazione. È il racconto di un momento importante, ascoltato con un orecchio ma senza il cuore.

Da bambini, il rifiuto si presenta come un'assenza. Non è un grido o una porta che si chiude, ma il vuoto lasciato da una carezza mancata, da una parola che non arriva, da uno sguardo che si distoglie. Il bambino non ha la capacità di capire le complessità del mondo adulto. Non può sapere che quel genitore è distratto dai problemi quotidiani, che quel silenzio non significa disamore. E così, interpreta nel modo più semplice: "Sono io il problema. Non sono abbastanza."

Ricordo la storia di un ragazzo che aveva trascorso gran parte della sua infanzia cercando di attirare l'attenzione di suo padre. Si impegnava a scuola, eccelleva nello sport, faceva di tutto per guadagnarsi uno sguardo di approvazione. Ma suo padre, severo e distante, gli rispondeva sempre con frasi come: "Puoi fare meglio." Ogni volta che sentiva quelle parole, il ragazzo si convinceva un po' di più che non era mai abbastanza, che qualunque cosa facesse non sarebbe mai stata sufficiente per essere visto davvero.

Le ferite del rifiuto si radicano nell'infanzia, ma non si fermano lì. Crescono con noi, si intrecciano con il nostro modo di vedere il mondo. Ogni occasione mancata, ogni gesto distratto, ogni parola di troppo si aggiunge a quella narrativa interna che ci dice: "Non vali abbastanza." È una convinzione che non si limita all'infanzia, ma si riflette in ogni aspetto della nostra vita da adulti. È quella voce interiore che ci trattiene quando vorremmo parlare, che ci fa dubitare di noi stessi anche quando siamo nel giusto, che ci spinge a nasconderci per paura di essere visti.

Da adulti, questa ferita si manifesta in molti modi. Sul lavoro, chi vive con la ferita del rifiuto tende a sottovalutarsi, a evitare opportunità o promozioni, convinto di non essere all'altezza. Nelle amicizie, può portare a un continuo bisogno di approvazione, o al contrario, a un isolamento emotivo. Nelle relazioni sentimentali, si traduce spesso in dinamiche disfunzionali, in cui cerchiamo partner che replicano quel dolore originario. È come se, inconsciamente, cercassimo di rivivere quelle stesse dinamiche, nella speranza di ottenere un finale diverso. Ma il più delle volte, non facciamo che perpetuare il dolore.

Una donna mi raccontò di come, da bambina, si sentisse costantemente invisibile agli occhi di sua madre. Ogni volta che cercava di parlare, sua madre la interrompeva, cambiando argomento o rivolgendosi a qualcun altro. Crescendo, quella sensazione di invisibilità si trasformò in un modello di comportamento. Da adulta, evitava di esprimere i propri bisogni, convinta che non avessero importanza. Nelle relazioni, si ritrovava spesso con partner che non la valorizzavano, che la facevano sentire piccola, invisibile, proprio come si era sentita da bambina.

Ma la ferita del rifiuto non si manifesta solo nelle relazioni personali. Influenza ogni aspetto della nostra vita. Sul lavoro, può portarci a evitare di esprimerci, temendo di essere giudicati o, peggio, ignorati. Nella sfera sessuale, può creare insicurezze profonde, rendendo difficile vivere l'intimità con serenità. Persino nelle scelte quotidiane, il rifiuto si insinua, spingendoci a scegliere il silenzio, la ritirata, l'invisibilità.

Le Discipline Analogiche offrono una prospettiva unica su questa ferita. Secondo questa visione, il rifiuto non è solo un'esperienza del passato, ma un copione che continuiamo a recitare nel presente. È come se, inconsciamente, cercassimo di ricreare le stesse dinamiche che ci hanno ferito, nella speranza di risolverle. Ma spesso, invece di guarire, non facciamo che approfondire il dolore. Gli analogisti lavorano proprio su questi copioni, aiutando le persone a portare alla luce le convinzioni inconsce che guidano i loro comportamenti. Attraverso sessioni mirate, è possibile iniziare a riscrivere quella narrativa, a rompere il ciclo del rifiuto.

Guarire dalla ferita del rifiuto non è un processo semplice né veloce. Richiede coraggio, pazienza e una buona dose di consapevolezza. Il primo passo è riconoscere la ferita, accettarla per ciò che è, senza giudicarla. Comprendere che non siamo responsabili del dolore che abbiamo vissuto, ma possiamo scegliere come affrontarlo. Questo significa smettere di cercare l'approvazione altrui e iniziare a costruire un senso di valore che venga da dentro.

Un esercizio che consiglio spesso è quello di scrivere una lettera al proprio bambino interiore. Immagina di parlare a quella parte di te che si sentiva invisibile, che credeva di non essere abbastanza. Cosa vorresti dirgli? Cosa avrebbe voluto sentirsi dire? Scrivigli che è amabile, che merita amore, che il suo valore non dipende da ciò che fa, ma da ciò che è. Questo semplice gesto può sembrare banale, ma è incredibilmente potente. È il primo passo per riscrivere quella narrativa, per iniziare a vedere noi stessi con occhi nuovi.

Ogni piccolo passo verso la guarigione è una vittoria. Ogni volta che scegliamo di affrontare la paura del rifiuto, stiamo rompendo il potere della ferita. Ogni volta che scegliamo di parlare, di chiedere, di essere visti, stiamo riscrivendo la nostra storia. Con il tempo, quella storia cambia. Non siamo più definiti dal rifiuto, ma dalla nostra capacità di affrontarlo, di superarlo, di trasformarlo in forza.

Il rifiuto è una ferita che lascia cicatrici, ma quelle cicatrici possono diventare segni di forza. Possono ricordarci che, nonostante tutto, siamo ancora qui. Siamo ancora in piedi. E ogni giorno possiamo scegliere di credere in noi stessi, indipendentemente da ciò che gli altri vedono o non vedono in noi.

Il rifiuto, più di molte altre ferite emotive, ha una peculiarità che lo rende insidioso: ti fa dubitare di chi sei. Non ti limita a mettere in discussione le tue capacità o i tuoi comportamenti, ma arriva al cuore della tua identità, insinuandosi nell'idea stessa di essere degni di esistere. Questo lo rende particolarmente doloroso, perché non c'è nulla che possiamo fare per evitarlo, almeno non nel modo in cui si manifesta nelle fasi iniziali della nostra vita. Quando un genitore non ci vede o non risponde, non possiamo cambiarlo. Da piccoli non sappiamo fare altro che accettare quel vuoto come una verità.

Mi sono spesso chiesto come sarebbe stata la mia vita se avessi vissuto quella ferita così profondamente. Quanto avrei potuto nascondermi, quanto avrei rinunciato alle mie ambizioni solo per paura di un no? Mi rendo conto, osservando le persone che mi circondano, che il rifiuto lascia in ognuno segni diversi, ma accomunati da una costante: la difficoltà di credere che siamo meritevoli. Guardare qualcuno che vive con questa ferita è come vedere un fiore che si piega sotto il peso di una pioggia incessante. È evidente la bellezza che avrebbe potuto esprimere, ma è nascosta sotto il peso di quel dolore.

Una delle cose che trovo più struggenti nel rifiuto è il modo in cui diventa parte della narrazione personale. Non è mai solo un'esperienza isolata; diventa un filo che collega tutto. Qualsiasi cosa accada, viene interpretata attraverso quel filtro. Quando qualcuno non risponde a un messaggio, non pensiamo che sia occupato: pensiamo di essere irrilevanti. Quando non otteniamo un riconoscimento, non pensiamo che il nostro lavoro sia stato trascurato: pensiamo di non essere abbastanza. E così, quel dolore si amplifica, si replica, si autoalimenta.

C'è un aspetto che mi colpisce ogni volta che lavoro con persone che portano dentro di sé questa ferita. Spesso sono le persone più gentili, più attente, quelle che si preoccupano sempre di non disturbare, di non ferire gli altri. Ma è come se quella gentilezza fosse una forma di protezione, un modo per evitare di essere respinti. È come se dicessero al mondo: "Non posso permettermi di sbagliare, perché se lo faccio, perderò tutto."

Eppure, nonostante tutto, vedo anche una grande forza in chi affronta questa ferita. Ogni volta che scelgono di parlare, di farsi vedere, di chiedere ciò di cui hanno bisogno, stanno sfidando non solo il mondo, ma una parte profonda di sé stessi. È un atto di coraggio che richiede una volontà straordinaria. E credo che sia proprio questa la chiave per trasformare il rifiuto: riconoscere che, anche se ci sentiamo invisibili o non abbastanza, ogni piccolo passo verso l'affermazione di sé è una vittoria.

Quando penso al rifiuto, non posso fare a meno di riflettere su quanto sia universale. Tutti, in un modo o nell'altro, lo abbiamo sperimentato. Forse non in modo così devastante, forse non in modo così costante, ma quel sentimento di non essere accettati è qualcosa che accomuna ogni essere umano. E penso che, se riusciamo a guardarlo con empatia, non solo per gli altri ma anche per noi stessi, possiamo iniziare a vederlo per ciò che è: non una condanna, ma un invito a conoscerci meglio.

Credo fermamente che la chiave per affrontare il rifiuto sia imparare a guardarci con occhi nuovi, con la stessa compassione e gentilezza che riserviamo agli altri. Non è facile, lo so. Ma è possibile. E quando ci riusciamo, anche solo per un momento, iniziamo a riscrivere la nostra storia. Non siamo più definiti da chi non ci ha visto, ma da chi scegliamo di essere.

L'impatto della nostra società sulla ferita del rifiuto è profondo e, spesso, sottile. È una società che, come molte altre, opera attraverso dinamiche di accettazione e inclusione, ma che allo stesso tempo, nelle sue micro-interazioni quotidiane, rischia di alimentare proprio quella sensazione di invisibilità che il rifiuto porta con sé. Non è una questione di cultura specifica, ma di come ci muoviamo nei contesti sociali e istituzionali, dove spesso le persone non si sentono viste o ascoltate, ma semplicemente numeri, ingranaggi di un sistema.

Pensa a una scena comune: entrare in un ufficio postale. Prendi il biglietto, aspetti il tuo turno, e poi finalmente arrivi al banco. L'impiegato non alza lo sguardo, non ti saluta, ti chiede automaticamente quale sia la tua richiesta, quasi meccanicamente. Ti senti un disturbo, un'interruzione nella sua giornata. Per chi vive con la ferita del rifiuto, quell'atteggiamento non è solo fastidioso, è un'ulteriore conferma: "Non conto nulla. Non merito attenzione." È una sensazione che si sedimenta, perché non riguarda solo l'episodio isolato, ma si collega a tutte le esperienze simili vissute prima.

Lo stesso può accadere in banca, quando una richiesta di finanziamento viene respinta. Per chi non porta questa ferita, il rifiuto è una questione pratica, razionale: magari i documenti non erano adeguati, magari non c'erano le garanzie richieste. Ma per chi vive con questa ferita, il rifiuto non è mai solo pratico. Si trasforma immediatamente in un giudizio personale. Non si pensa: "Non posso ottenere questo prestito." Si pensa: "Non valgo abbastanza per ottenerlo." È una sfumatura sottile, ma devastante, che va a toccare corde già fragili.

Anche il sistema scolastico, in molti casi, può contribuire a questa ferita. Pensa a un bambino che alza la mano in classe per rispondere a una domanda e viene ignorato dall'insegnante, magari perché il tempo stringe o perché c'è un altro compagno che sembra più preparato. Per quel bambino, quel momento diventa una crepa nella sua autostima. Si chiede: "Perché non mi scelgono? Perché non mi vedono?" E quella domanda, se si ripete abbastanza spesso, diventa una convinzione: "Non sono abbastanza bravo. Non valgo."

Anche nei rapporti con le istituzioni sanitarie o burocratiche si possono ritrovare dinamiche che risvegliano il rifiuto. Immagina di essere in una sala d'attesa di un ospedale, con il tuo numero in mano, aspettando che venga chiamato. Il tempo passa, e chiunque sembri più urgente o più "importante" di te viene chiamato prima. Per chi ha già questa ferita, quel momento non è solo una questione di priorità organizzative: è un'ulteriore conferma della propria irrilevanza.

La società, con la sua forte enfasi sulle relazioni e sull'apparenza, può accentuare questa ferita. Viviamo in una cultura in cui spesso si dà molta importanza al successo, all'apparire sicuri di sé, al mostrare di avere il controllo della propria vita. Chi vive con la ferita del rifiuto, invece, tende a nascondersi, a non esporre troppo di sé, per paura di essere giudicato. Questo crea una dissonanza: da un lato, c'è il desiderio di essere accettati; dall'altro, c'è la paura di essere visti troppo da vicino.

Anche i rapporti sociali informali possono risvegliare questa ferita. Pensa a una cena tra amici, dove qualcuno racconta una storia che tutti trovano divertente e interessante. Poi tocca a te, ma mentre parli noti che gli altri guardano il telefono, si distraggono, o peggio, ti interrompono per passare a un altro argomento. Per chi vive con la ferita del rifiuto, quel momento diventa un pugno allo stomaco. Non è solo una distrazione innocua: è un promemoria di tutte le volte in cui non si è sentito abbastanza importante.

Tutti questi esempi mostrano quanto profondamente le dinamiche sociali e istituzionali possano influenzare chi porta dentro di sé questa ferita. Ma c'è un altro aspetto importante da considerare: la possibilità di trasformare queste esperienze in opportunità di guarigione. Ogni interazione che risveglia la ferita può diventare un'occasione per lavorarci, per riconoscerla e affrontarla. Non è facile, perché richiede di mettere in discussione convinzioni radicate e di accettare il rischio di sentirsi vulnerabili. Ma è possibile.

Immagina, ad esempio, di trovarsi in banca e di ricevere un rifiuto. La reazione immediata potrebbe essere quella di ritirarsi, di sentirsi sminuiti. Ma cosa accadrebbe se, invece, si scegliesse di affrontare quel momento con curiosità? Se ci si chiedesse: "Perché sto reagendo così? Questo rifiuto definisce davvero chi sono?" È un passaggio difficile, ma essenziale per spezzare il ciclo del rifiuto.

In una società che spesso sembra incoraggiare la performance e il risultato, ricordare che il nostro valore non dipende da ciò che facciamo o da come veniamo percepiti è un atto rivoluzionario. È un modo per affermare che, indipendentemente da come gli altri ci trattano, meritiamo di essere visti, ascoltati, rispettati.

Le istituzioni e i contesti sociali non cambieranno dall'oggi al domani. Gli uffici postali rimarranno affollati, le banche continueranno a valutare richieste, e le persone continueranno a essere distratte. Ma quello che può cambiare è il modo in cui scegliamo di interpretare queste esperienze. Non come conferme della nostra mancanza di valore, ma come opportunità per riconoscere il nostro valore intrinseco, indipendentemente da ciò che accade intorno a noi.

24

Capitolo 2: L'Abbandono - Quando il vuoto diventa un'eco

L'abbandono non si presenta con gesti evidenti. È una sensazione che si insinua lentamente, un vuoto che cresce nel tempo. Non è solo un atto, non è semplicemente qualcuno che va via. È la percezione che quella persona non tornerà mai del tutto, che chi avrebbe dovuto esserci per noi ci ha lasciati, fisicamente o emotivamente. Per chi lo vive, l'abbandono è un'esperienza che va ben oltre il momento iniziale. È come un'eco che si ripete, un ricordo che si sovrappone alla realtà presente, influenzando ogni relazione, ogni scelta, ogni visione di sé stessi.

Da bambini, viviamo in un mondo fatto di presenze. Ogni sorriso, ogni carezza, ogni sguardo d'approvazione costruisce il nostro senso di sicurezza. Eppure, bastano pochi momenti in cui quelle presenze si trasformano in assenze per piantare i semi dell'abbandono. Non è necessario che ci sia un distacco fisico evidente: basta un genitore troppo impegnato per accorgersi di noi, o troppo immerso nei propri pensieri per rispondere alle nostre richieste di attenzione. Non capiamo le complessità del mondo adulto, non vediamo i problemi che affollano la mente dei nostri genitori. Sentiamo solo quel vuoto, e nel nostro mondo infantile, quel vuoto diventa una verità: "Non sono abbastanza importante."

Ricordo una storia che mi colpì profondamente. Una donna mi raccontò della sua infanzia, trascorsa aspettando un padre che lavorava in un'altra città. Ogni settimana, lui prometteva che sarebbe tornato, e ogni settimana, qualcosa lo tratteneva. Lei si aggrappava a quelle promesse con tutta la speranza di una bambina. Preparava disegni, pianificava giochi, immaginava i momenti che avrebbero trascorso insieme. Ma ogni volta che quelle promesse venivano infrante, il vuoto dentro di lei cresceva. Non era solo la delusione di un padre che non tornava: era la convinzione che non fosse tornato perché non ne valeva la pena. Quel pensiero si radicò in lei, e anni dopo, da adulta, si rifletteva nelle sue relazioni. Ogni volta che un partner si mostrava distante o poco presente, quella vecchia ferita si riapriva, e lei si trovava a combattere contro l'idea di non essere abbastanza.

Questa è la crudeltà dell'abbandono. Non rimane confinato al passato, ma ci accompagna ovunque andiamo. Si insinua nel modo in cui costruiamo le nostre relazioni, nel modo in cui ci vediamo, nel modo in cui affrontiamo il mondo. Chi porta con sé questa ferita tende a sviluppare un bisogno disperato di vicinanza. È un bisogno che non si può soddisfare, perché non è radicato nel presente, ma in quel passato non risolto. Ogni volta che ci sentiamo trascurati, anche per ragioni innocue, il dolore del passato riaffiora, amplificando la ferita.

Ho incontrato persone che, pur di evitare di essere abbandonate di nuovo, rinunciano a parti di sé. Diventano ciò che pensano che gli altri vogliano che siano. Fanno di tutto per compiacere, per mantenere viva la relazione, per evitare il rischio di una rottura. È un comportamento che nasce dalla paura, ma che spesso finisce per ottenere proprio ciò che si teme di più. Più ci aggrappiamo a qualcuno, più quella persona si allontana, incapace di sopportare il peso di quel bisogno. E così, la ferita si ripete, confermando ancora una volta la convinzione che ci portiamo dentro: "Se se ne sono andati, è perché non valgo abbastanza."

Ma non tutti reagiscono all'abbandono nello stesso modo. Alcuni scelgono la via opposta. Decidono di non permettere a nessuno di avvicinarsi abbastanza da poterli ferire. Costruiscono muri, si isolano, preferiscono la solitudine alla possibilità di essere lasciati di nuovo. Sono quelle persone che sembrano indipendenti, forti, quasi impenetrabili. Ma sotto quella facciata c'è una paura profonda, una convinzione che, se qualcuno li conoscesse davvero, finirebbe per andarsene. E così, evitano di correre il rischio.

C'è una scena che mi torna spesso in mente. Un uomo, apparentemente sicuro di sé, mi raccontò di come evitasse sistematicamente relazioni serie. Diceva che non ne aveva bisogno, che preferiva concentrarsi sulla carriera, sugli hobby, su sé stesso. Ma nel corso della conversazione emerse una realtà diversa. Da bambino, suo padre aveva lasciato la famiglia. Era un uomo carismatico, pieno di promesse, ma incapace di mantenerle. Ogni volta che diceva "tornerò," il bambino ci credeva. E ogni volta che non lo faceva, quella convinzione si rafforzava. "Non sono abbastanza importante per farmi restare." Da adulto, quell'uomo aveva deciso di evitare qualsiasi situazione che potesse riproporre quel dolore. Ma nel farlo, aveva costruito una vita piena di cose, ma vuota di legami.

L'abbandono non si limita alle relazioni personali. Ha un impatto che si estende a ogni ambito della vita. Sul lavoro, chi vive con questa ferita tende a cercare approvazione costante, a temere il rifiuto, a evitare conflitti per paura di essere escluso. Nelle amicizie, si traduce spesso in comportamenti estremi: o ci si aggrappa agli altri, cercando disperatamente di mantenere la connessione, o ci si allontana per evitare il rischio di essere abbandonati. Persino nelle decisioni quotidiane, questa ferita si fa sentire. Ogni scelta viene valutata attraverso la lente del rischio di perdita, del timore di rimanere soli.

Ma c'è un altro aspetto che rende l'abbandono così difficile da affrontare. Non è solo una ferita che ci viene inflitta dagli altri: è una ferita che finiamo per infliggere a noi stessi. Ogni volta che evitiamo di esprimere i nostri bisogni, che rinunciamo a una relazione per paura di perderla, che ci isoliamo per evitare il rischio di essere lasciati, stiamo abbandonando noi stessi. È un ciclo che si autoalimenta, e che può essere spezzato solo riconoscendo il dolore e scegliendo di affrontarlo.

Ho visto persone trasformare la ferita dell'abbandono in una fonte di forza straordinaria. Ogni volta che scelgono di restare con sé stesse, ogni volta che affrontano la paura della solitudine, stanno riscrivendo la loro storia. Non è un processo facile, e richiede un'enorme dose di coraggio. Ma è possibile. È come imparare a camminare su un filo sospeso: all'inizio è spaventoso, ma con il tempo si scopre che il filo è più stabile di quanto sembrasse.

La ferita dell'abbandono ci insegna che non possiamo controllare chi resta e chi se ne va. Ma possiamo scegliere di rimanere con noi stessi, di costruire una stabilità interna che non dipenda dalla presenza degli altri. È una lezione difficile, ma essenziale. Perché, alla fine, non siamo definiti da chi ci abbandona, ma da chi scegliamo di essere. E quando scegliamo di non abbandonare noi stessi, scopriamo una forza che va ben oltre qualsiasi ferita.

L'abbandono, più di altre ferite, mi ha sempre colpito per la sua capacità di insinuarsi in ogni aspetto della vita di chi lo vive. È una ferita che non si limita a un momento, ma che diventa parte di una narrativa personale, un filtro attraverso cui si guarda il mondo. Quello che trovo particolarmente devastante è come, una volta che si radica, l'abbandono inizi a trasformarsi in una profezia che si autoavvera. Più temiamo di essere lasciati, più mettiamo in atto comportamenti che finiscono per allontanare gli altri. È un ciclo che sembra impossibile da spezzare, eppure, ho visto persone che ci sono riuscite.

Mi sono spesso chiesto come sarebbe vivere con questa ferita, con quella paura costante che ogni legame possa spezzarsi, che ogni promessa possa essere infranta. Non è solo il dolore di perdere qualcuno, ma il terrore di non poter contare su nulla, di non avere basi solide su cui costruire la propria vita. È come camminare su una lastra di ghiaccio sottile, con il costante timore che possa rompersi sotto i tuoi piedi. E mi rendo conto che non si tratta solo di ciò che gli altri fanno o non fanno, ma di ciò che sentiamo dentro di noi. È un'insicurezza che non può essere colmata dall'esterno, ma che richiede un lavoro profondo e personale.

Ho incontrato persone che, per evitare il rischio dell'abbandono, si sono trasformate in camaleonti emotivi. Si adattano a chiunque abbiano intorno, mettono da parte i propri desideri e bisogni, diventano ciò che pensano che gli altri vogliano che siano. È un comportamento che, a prima vista, potrebbe sembrare altruistico, ma che in realtà nasconde una paura profonda: quella di non essere amati per ciò che si è. E più si cerca di compiacere, più si perde il contatto con sé stessi, più si alimenta quel senso di vuoto che si cercava di evitare.

C'è un'altra reazione che trovo altrettanto affascinante, e forse ancora più dolorosa. Alcune persone, per paura di essere abbandonate, scelgono di non creare legami significativi. Si isolano, evitano relazioni profonde, costruiscono una vita che, seppur funzionale, manca di quella connessione umana che dà significato all'esistenza. È una forma di protezione che, alla lunga, si trasforma in una prigione. E mi chiedo quanto dolore ci voglia per convincere qualcuno che è meglio stare soli piuttosto che rischiare di essere lasciati.

Quello che trovo più toccante è il modo in cui questa ferita si riflette nel modo in cui le persone amano. Ho visto persone che amano con una tale intensità, con un tale desiderio di vicinanza, che finiscono per soffocare l'altro. Non è un amore che nasce dalla fiducia, ma dalla paura. È un amore che non lascia spazio, che cerca di controllare, di trattenere, di impedire all'altro di andarsene. E più si cerca di trattenere qualcuno, più quella persona si sente spinta a scappare. È un paradosso crudele, ma che si ripete con una frequenza sconcertante.

Allo stesso tempo, ho visto persone che hanno trasformato la loro ferita in una forza. Sono quelle persone che, dopo aver toccato il fondo, decidono di ricostruire la propria vita su basi nuove. Scelgono di affrontare la solitudine, di imparare a convivere con sé stesse, di trovare un senso di sicurezza interno che non dipende dagli altri. Non è un processo facile, né rapido. Richiede di guardarsi dentro con onestà, di affrontare le proprie paure, di accettare che, a volte, saremo lasciati soli. Ma è un percorso che porta a una libertà straordinaria.

Quello che trovo particolarmente potente è il momento in cui le persone si rendono conto che non sono loro a essere sbagliate. L'abbandono spesso porta con sé la convinzione di non essere abbastanza, di non meritare amore, di essere in qualche modo difettosi. Ma quando riusciamo a vedere che il problema non è mai stato noi, ma le circostanze, le dinamiche, i comportamenti degli altri, allora iniziamo a liberarci di quel peso. È un momento di trasformazione che cambia tutto.

Penso che uno degli insegnamenti più profondi che questa ferita possa offrire sia la consapevolezza che, anche se qualcuno ci lascia, non significa che siamo soli. La presenza più importante è quella che costruiamo con noi stessi. E quando riusciamo a rimanere con noi stessi, non importa chi rimane o chi va, perché abbiamo trovato un'ancora che nessuno può portarci via.

Quello che mi colpisce di più, infine, è la resilienza di chi affronta questa ferita. Ogni piccolo passo, ogni scelta di restare invece di scappare, ogni momento di silenzio trascorso senza cercare disperatamente qualcuno che lo riempia, è un atto di coraggio. E penso che ci sia una bellezza straordinaria in questo. Non è la bellezza perfetta e intatta di chi non è mai stato ferito, ma la bellezza delle cicatrici, dei segni che dimostrano che, nonostante tutto, siamo ancora qui. E forse, è proprio in quelle cicatrici che si nasconde la nostra vera forza.

Anche per questa ferita, come per tutte le altre, l'attuale società in cui viviamo, con le sue dinamiche sociali, istituzionali e culturali, amplifica la ferita dell'abbandono in modi che spesso passano inosservati. Viviamo in un contesto che esalta la comunità, la famiglia, i legami interpersonali, ma che allo stesso tempo può trascurare chi si sente già escluso. Per chi porta dentro di sé la ferita dell'abbandono, ogni interazione sociale o istituzionale può diventare un potenziale innesco di quel dolore antico. Non è necessario che ci sia un gesto eclatante: basta un piccolo segnale per risvegliare quella sensazione di essere lasciati indietro.

Pensa ai contesti lavorativi. Un dipendente che, nonostante il suo impegno, non viene coinvolto in una riunione importante o escluso da un progetto cruciale, può percepire quell'episodio come un abbandono. Per chi non ha questa ferita, potrebbe trattarsi semplicemente di un errore organizzativo o di un'occasione mancata. Ma per chi vive con il dolore dell'abbandono, quel momento si trasforma in una conferma del proprio timore più grande: "Non sono abbastanza importante per essere incluso." Questo sentimento si amplifica in un ambiente competitivo come quello del lavoro, dove l'esclusione può essere letta come un giudizio personale.

Un altro esempio si trova nei servizi pubblici. Pensa a una lunga fila in un ufficio pubblico, dove le pratiche sembrano procedere lentamente e senza attenzione alle esigenze individuali. Una persona con la ferita dell'abbandono può percepire quel trattamento impersonale come una dimostrazione del proprio valore: "Non hanno tempo per me, non importo a nessuno." Non è solo una questione di inefficienza o burocrazia. È il modo in cui un sistema, percepito come distante e disinteressato, può risvegliare emozioni che risalgono a esperienze passate di trascuratezza.

Anche la vita sociale italiana, che spesso ruota intorno a gruppi affiatati e dinamiche familiari, può involontariamente escludere chi vive con questa ferita. Pensa a una cena tra amici, dove tutti si conoscono bene e condividono storie comuni. Chi è nuovo al gruppo o non ha legami forti con gli altri può sentirsi fuori posto, come se la sua presenza non fosse davvero desiderata. Non è necessario che ci siano comportamenti espliciti di esclusione: basta la percezione di essere in disparte per far emergere quel dolore. Ogni risata che non si comprende, ogni conversazione in cui non ci si sente coinvolti, diventa un tassello che si aggiunge alla narrativa del "non appartengo a nessuno."

Le istituzioni scolastiche sono un altro contesto in cui l'abbandono può emergere in modi sottili ma potenti. Immagina un bambino che si sente trascurato dall'insegnante, magari perché è più introverso o meno incline a partecipare attivamente. Ogni volta che il suo nome non viene chiamato, ogni volta che il suo lavoro non viene notato, si rafforza l'idea di non essere abbastanza importante. Questa dinamica può continuare per anni, trasformandosi in un senso di esclusione che si estende anche al di fuori della scuola, influenzando il modo in cui quella persona si relazionerà agli altri nel corso della vita.

Un altro contesto significativo è quello sanitario. Una visita medica posticipata, un medico che sembra frettoloso o distratto, una richiesta di assistenza che viene ignorata: per chi vive con la ferita dell'abbandono, queste esperienze possono sembrare molto più di semplici disagi. Sono momenti che evocano il timore di essere lasciati soli, di non essere considerati abbastanza importanti da meritare attenzione. Questo è particolarmente evidente nelle persone anziane, che spesso si sentono trascurate da un sistema sanitario che percepiscono come distante e impersonale.

La cultura italiana, con la sua enfasi sulla famiglia come pilastro della società, può sia alleviare che amplificare questa ferita. Per chi ha un sistema familiare solido, la sensazione di abbandono può essere mitigata da un senso di appartenenza. Ma per chi vive in famiglie disfunzionali o frammentate, questa enfasi può accentuare il dolore. È come se la società dicesse: "La famiglia è tutto," lasciando chi non ha un sistema di supporto a sentirsi ancora più solo.

Quello che trovo particolarmente interessante è come anche le piccole interazioni quotidiane possano avere un impatto significativo. Pensa a un cliente in un negozio che viene ignorato dal commesso, o a una persona che cerca di attirare l'attenzione in una discussione di gruppo e non viene ascoltata. Per molti, questi momenti possono sembrare insignificanti, facilmente superabili. Ma per chi vive con la ferita dell'abbandono, diventano promemoria di tutte le volte in cui si è sentito trascurato o lasciato indietro. Non è il singolo episodio a causare dolore, ma l'accumulo di esperienze simili che, insieme, creano una narrativa di esclusione.

C'è un altro aspetto che trovo affascinante, ed è il modo in cui la tecnologia moderna amplifica questa ferita. Viviamo in un'epoca in cui i social media ci offrono l'illusione di connessione, ma che spesso creano un senso di isolamento ancora più profondo. Pensa a una persona che pubblica qualcosa online e non riceve risposte o reazioni. Per chi vive con la ferita dell'abbandono, quel silenzio digitale non è solo una mancanza di attenzione: è una conferma della propria irrilevanza. È come se il vuoto dell'abbandono trovasse nuove modalità di espressione, adattandosi ai tempi moderni.

Quello che mi colpisce maggiormente è la complessità di questa ferita e il modo in cui la società, pur non intenzionalmente, spesso la rafforza. Non si tratta solo di cambiare le dinamiche esterne, ma di lavorare sul modo in cui queste vengono percepite. È qui che vedo una possibilità di trasformazione. Ogni interazione, anche quelle che risvegliano il dolore, può diventare un'opportunità per riconoscere quella ferita e iniziare a guarirla. Non possiamo cambiare il comportamento degli altri, ma possiamo scegliere come rispondere a ciò che ci accade.

In una società che enfatizza la connessione, ma che spesso trascura le persone più vulnerabili, imparare a costruire una sicurezza interiore diventa essenziale. È un processo difficile, perché richiede di affrontare il dolore, di accettare che alcune ferite non possono essere cancellate. Ma è anche un processo che ci dà la possibilità di riscoprire il nostro valore, indipendentemente da come il mondo ci tratta.

34

L'ECO DELL'INFANZIA

35

Capitolo 3: L'Umiliazione – Il Peso della Vergogna

L'umiliazione è una ferita che si insinua nell'anima come un'ombra, un peso silenzioso che ci segue ovunque andiamo. Non è un dolore che nasce da un colpo diretto o da un gesto evidente, ma dall'impatto di tante piccole ferite, gesti, parole, sguardi che ci fanno sentire sbagliati, inadeguati, meno degli altri. È una ferita che si sviluppa spesso nei primi anni di vita, quando iniziamo a costruire l'idea di chi siamo, e trova terreno fertile in quelle dinamiche familiari, scolastiche o sociali che ci mettono a confronto con un ideale irraggiungibile.

Immagina un bambino che cerca disperatamente di essere all'altezza delle aspettative. Sta imparando a camminare e cade, come è normale che accada. Ma invece di ricevere incoraggiamenti, sente un commento freddo: "Sei sempre così goffo." Non è solo una frase: è un'etichetta che gli viene appiccicata addosso, e che inizia a definire il modo in cui vede sé stesso. Non pensa: "Ho commesso un errore." Pensa: "Sono un errore." Ed è questa la crudeltà dell'umiliazione: non si limita a colpire ciò che facciamo, ma invade il nostro senso di identità, insinuandosi nella convinzione che siamo intrinsecamente sbagliati.

L'umiliazione è diversa dal rifiuto o dall'abbandono, perché non si manifesta come un'assenza, ma come un giudizio, uno sguardo che ci scruta e ci trova manchevoli. È il genitore che ci corregge continuamente in pubblico, facendoci sentire piccoli davanti agli altri. È l'insegnante che ridicolizza una risposta sbagliata, trasformando un errore in un'etichetta. È l'amico che usa una battuta per farci sentire inferiori, magari senza nemmeno accorgersene. Ogni episodio sembra piccolo, quasi insignificante, ma insieme costruiscono un muro di vergogna e insicurezza che ci separa dagli altri.

C'è una storia che non riesco a dimenticare. Un'amica mi raccontò di come, da bambina, si sentisse costantemente giudicata dalla madre. Ogni volta che provava a fare qualcosa di creativo, come disegnare o cantare, la madre le diceva: "Non sei portata per queste cose." Non era una critica diretta, ma un commento che, ripetuto nel tempo, diventò una verità nella mente della bambina. Crescendo, smise di provare. Ogni volta che si trovava di fronte a una nuova opportunità, quella voce dentro di lei sussurrava: "Non fa per te." Non era più solo la madre a umiliarla: era lei stessa, con le sue convinzioni, che continuava a perpetuare quel giudizio.

Questa è una delle trappole più insidiose dell'umiliazione: ci porta a interiorizzare il giudizio degli altri, trasformandolo in un dialogo interno che diventa la nostra guida. Non abbiamo più bisogno che qualcuno ci faccia sentire sbagliati, perché lo facciamo da soli. È una voce che ci accompagna ovunque, che si insinua in ogni pensiero, che ci trattiene dal rischiare, dal provare, dal vivere appieno.

Da adulti, questa ferita si manifesta in molti modi. Alcuni diventano perfezionisti, cercando disperatamente di evitare qualsiasi occasione che possa portare all'umiliazione. È il collega che controlla ogni dettaglio del suo lavoro, che non delega nulla per paura che qualcosa vada storto e che la colpa ricada su di lui. È il partner che fa di tutto per mantenere la relazione perfetta, nascondendo i propri bisogni e desideri per evitare conflitti. È l'amico che evita di parlare di sé, temendo il giudizio, e preferisce ascoltare, rimanendo nell'ombra.

Altri, invece, reagiscono ritirandosi. Rinunciano a esporsi, a rischiare, a mettersi in gioco. È il ragazzo che evita di iscriversi a un corso che lo interessa, perché teme di non essere bravo abbastanza. È la donna che non si candida per una promozione, anche se sa di avere le competenze necessarie, perché teme di fallire e di essere giudicata. È il genitore che non esprime mai la propria opinione, nemmeno nelle situazioni familiari, perché ha imparato che ogni volta che lo fa, viene criticato o ridicolizzato.

L'umiliazione ha un modo subdolo di insinuarsi anche nelle relazioni più intime. È quella paura di essere giudicati che ci impedisce di mostrare la nostra vulnerabilità, di essere davvero noi stessi. È quella sensazione di dover sempre dimostrare qualcosa, di dover guadagnare l'amore o il rispetto degli altri. E più cerchiamo di evitare l'umiliazione, più le diamo potere. È un ciclo che si autoalimenta, che ci tiene prigionieri delle nostre paure.

Ma c'è anche un altro lato dell'umiliazione, un lato che trovo profondamente affascinante. È la capacità di trasformare questa ferita in una fonte di forza. Ho visto persone che, dopo aver toccato il fondo, hanno trovato un modo per risalire, per guardare l'umiliazione negli occhi e dire: "Non mi definisce." Non è un percorso facile, e richiede un'enorme dose di coraggio. Ma è possibile. È come imparare a camminare con un peso sulle spalle: all'inizio sembra insopportabile, ma con il tempo, ci rendiamo conto che quel peso ci ha resi più forti.

Penso che uno dei passaggi fondamentali per affrontare questa ferita sia imparare a distinguere tra ciò che facciamo e ciò che siamo. L'umiliazione ci porta a confondere i due piani, a credere che un errore o un fallimento definiscano il nostro valore come persone. Ma non è così. Un errore è solo un errore. Non è chi siamo, ma una piccola parte del nostro percorso.

Ho visto persone trovare la forza di affrontare questa ferita attraverso la creatività. Scrivere, dipingere, suonare, creare qualcosa dal nulla è un atto di ribellione contro l'umiliazione. È un modo per dire: "Sono più di ciò che pensano gli altri. Sono più di ciò che penso di me stesso." Ogni volta che scegliamo di creare, ogni volta che scegliamo di provare, stiamo rompendo il ciclo dell'umiliazione.

E forse, la lezione più importante che questa ferita ci offre è quella di accettare la nostra imperfezione. Viviamo in una società che ci spinge a essere perfetti, a evitare qualsiasi errore, a nascondere le nostre debolezze. Ma la perfezione è un'illusione, e l'umiliazione è un promemoria di quanto sia umano sbagliare. Non dobbiamo avere paura di cadere. Dobbiamo solo imparare a rialzarci, a guardarci con gentilezza, a ricordarci che il nostro valore non dipende da ciò che gli altri vedono o giudicano, ma da ciò che siamo, nel profondo.

L'umiliazione ha la capacità di insinuarsi in profondità, più di molte altre ferite. È una ferita silenziosa, che spesso passa inosservata agli occhi di chi la infligge ma che lascia segni indelebili in chi la subisce. Ciò che mi affascina, se così si può dire, è come l'umiliazione non riguardi mai soltanto un evento. È come se ogni episodio si collegasse al precedente, creando una catena di sensazioni che ci portano a mettere in dubbio non solo ciò che facciamo, ma anche chi siamo. Questo aspetto, per me, è ciò che rende l'umiliazione così insidiosa.

Mi sono chiesto spesso come sia possibile che un singolo commento o uno sguardo possa avere un impatto così duraturo. Razionalmente, potremmo dire: "Non importa, era solo un momento." Eppure, sappiamo che non è così semplice. Le parole e i gesti degli altri hanno il potere di imprimersi dentro di noi, specialmente quando toccano le nostre insicurezze più profonde. E quando quelle insicurezze nascono nell'infanzia, quando ancora non abbiamo gli strumenti per difenderci, diventano parti di noi, quasi come cicatrici che non smettono mai di ricordarci il dolore provato.

Penso spesso a come l'umiliazione sia un'esperienza universale, eppure profondamente personale. Tutti, in un modo o nell'altro, l'abbiamo vissuta. Un rimprovero ingiusto, una battuta fuori luogo, un errore reso pubblico. Eppure, ognuno reagisce in modo diverso.

C'è chi ne viene segnato per sempre e chi riesce a superarla, a lasciarla andare. Mi chiedo spesso quale sia il fattore che fa la differenza. È una questione di carattere? Di supporto sociale? Di esperienze precedenti? O forse è semplicemente una questione di tempo e di capacità di elaborare ciò che è accaduto.

Quello che trovo particolarmente doloroso dell'umiliazione è il modo in cui ci spinge a nasconderci. Quando veniamo umiliati, il nostro primo istinto è quello di rimpicciolirci, di scomparire, di evitare qualsiasi situazione in cui potremmo essere nuovamente esposti. È un comportamento naturale, un meccanismo di difesa. Ma a lungo andare, questo ci priva di tante opportunità. Mi rattrista pensare a quante persone rinunciano a seguire i propri sogni, a parlare, a esprimersi, solo per paura di essere giudicate o ridicolizzate. È come vivere una vita a metà, sempre con il freno tirato.

Ma ciò che trovo ancora più difficile da accettare è il fatto che l'umiliazione spesso ci porta a diventare i nostri peggiori nemici. Interiorizziamo i giudizi degli altri, li rendiamo parte del nostro dialogo interno. E così, anche quando nessuno ci sta guardando, continuiamo a giudicarci, a criticarci, a sminuirci. È un ciclo che si autoalimenta, e spezzarlo richiede un'enorme forza di volontà.

C'è però un altro aspetto dell'umiliazione che trovo straordinariamente potente: la possibilità di trasformarla. Ho visto persone prendere quelle esperienze dolorose e usarle come combustibile per costruire qualcosa di nuovo. Non è un processo facile, né lineare. Richiede di guardare dentro di sé, di affrontare il dolore, di accettare che non possiamo cambiare ciò che è accaduto. Ma richiede anche di scegliere come rispondere, di decidere che quelle esperienze non ci definiranno.

Quello che mi colpisce è il modo in cui alcune persone riescono a usare l'umiliazione per sviluppare una sensibilità straordinaria verso gli altri. Sono quelle persone che sanno esattamente come ci si sente ad essere giudicati, e che per questo si impegnano a non far mai sentire gli altri in quel modo. È una forma di empatia che nasce dal dolore, e che trovo incredibilmente bella. È come se dicessero: "Io so come ci si sente. E farò di tutto per evitare che tu debba provare la stessa cosa."

Mi viene in mente una conversazione che ho avuto con una persona che, per anni, aveva evitato di parlare in pubblico per paura di essere giudicata. Mi raccontò di come, da bambina, un'insegnante avesse riso di una sua risposta sbagliata davanti a tutta la classe. Quel momento l'aveva segnata profondamente. Eppure, anni dopo, decise di affrontare quella paura. Si iscrisse a un corso di teatro, e piano piano imparò a parlare davanti a un pubblico. Ogni volta che saliva sul palco, mi disse, sentiva ancora quella voce dentro di sé che le diceva di tacere, di nascondersi. Ma scelse di non ascoltarla. Oggi, quella stessa persona insegna teatro ai bambini, aiutandoli a esprimersi senza paura. È una trasformazione che trovo straordinaria, e che mi ricorda quanto possiamo essere resilienti.

L'umiliazione, per quanto dolorosa, può diventare una fonte di forza. Non nel senso di ignorarla o di fingere che non sia mai accaduta, ma nel senso di integrarla nella nostra storia personale. Di guardarla con onestà, di riconoscerla per ciò che è, e di scegliere di andare avanti comunque. Non è un processo che accade da un giorno all'altro, ma penso che sia uno dei più grandi atti di coraggio che possiamo compiere.

Forse, la lezione più importante che l'umiliazione ci insegna è quella di accettare la nostra umanità. Viviamo in un mondo che spesso ci chiede di essere perfetti, di non sbagliare mai, di non mostrare mai debolezze. Ma la verità è che sbagliare, cadere, essere vulnerabili, fa parte di ciò che siamo. E se riusciamo ad accettare questo, se riusciamo a guardarci con compassione anche nei nostri momenti più difficili, allora l'umiliazione perde il suo potere. Non siamo più definiti da ciò che gli altri pensano di noi, ma da ciò che scegliamo di pensare di noi stessi.

Questa consapevolezza non cancella il dolore, ma lo trasforma. E penso che, alla fine, sia questa la vera forza dell'essere umano: la capacità di trasformare il dolore in crescita, la sofferenza in comprensione, e le ferite in cicatrici che raccontano una storia di resilienza e di forza.

E, ancora una volta devo ribadire che, la nostra società, purtroppo, con le sue dinamiche di relazione e i suoi codici culturali, offre molti spazi in cui la ferita dell'umiliazione può essere inconsapevolmente accentuata – in realtà vale per tutte le ferite e per questo dovrò ripeterlo anche nei prossimi capitoli. Non è sempre una questione di gesti espliciti o di intenzioni maligne. Spesso è nei piccoli dettagli, nei non detti, nei confronti impliciti, che l'umiliazione trova terreno fertile per radicarsi. Viviamo in un contesto sociale che celebra il successo, la performance, l'immagine, e che tende a punire o a marginalizzare chi si discosta da questi standard. Per chi vive con la ferita dell'umiliazione, questo diventa un percorso costellato di momenti che sembrano dire: "Non sei abbastanza."

Uno dei luoghi in cui questa ferita si manifesta con forza è il sistema scolastico. Immagina un bambino che, pur cercando di partecipare, viene deriso da un insegnante davanti ai compagni per un errore banale. Magari l'insegnante non aveva cattive intenzioni; forse voleva usare l'ironia per alleggerire il momento. Ma per quel bambino, quell'episodio diventa un segno indelebile, un'etichetta che si porterà dietro per anni. Ogni volta che penserà di esporsi, quella paura di essere giudicato tornerà a farsi sentire, come una voce che sussurra: "Meglio stare zitto. Meglio non rischiare."

Anche il mondo del lavoro può essere un contesto in cui la ferita dell'umiliazione viene riattivata. Pensa a un impiegato che, durante una riunione, presenta una proposta e viene immediatamente interrotto o criticato in modo aspro davanti ai colleghi. Non è solo un attacco alla sua idea: è una ferita al suo senso di valore, un momento che può spingerlo a non intervenire più in futuro, a trattenersi, a mettere in dubbio le proprie capacità. In una cultura aziendale che spesso premia chi si fa notare, chi è assertivo, chi sa "vendere" sé stesso, chi vive con questa ferita si sente fuori posto, come se non ci fosse spazio per le sue insicurezze.

Ma l'umiliazione non si ferma agli ambienti istituzionali. Anche le interazioni quotidiane possono amplificare questa ferita. Pensa a una persona che entra in un negozio e viene trattata con sufficienza dal commesso, magari perché non sembra "abbastanza elegante" o perché sta facendo troppe domande. Per chi vive con questa ferita, quel momento non è solo un episodio fastidioso: è una conferma della propria inadeguatezza. Non è raro che situazioni come queste portino a una generale ritrosia nel mettere piede in luoghi in cui si potrebbe essere giudicati, alimentando un senso di isolamento.

Anche il contesto familiare italiano, spesso percepito come un pilastro di sostegno, può diventare il terreno perfetto per amplificare questa ferita. In molte famiglie, il confronto con fratelli, cugini o amici di famiglia è una dinamica comune. "Guarda tuo cugino, ha preso voti migliori dei tuoi." "Perché non sei come tuo fratello, sempre così ordinato?" Questi paragoni, per quanto apparentemente innocui, lasciano un segno profondo in chi li subisce. Per chi vive con la ferita dell'umiliazione, ogni confronto diventa una sentenza, un giudizio che pesa sul valore personale.

Anche il sistema sanitario, paradossalmente, può contribuire a questa ferita. Immagina una persona che si reca dal medico per un problema di salute, solo per essere liquidata frettolosamente o per ricevere commenti che minimizzano il suo disagio. "Ma dai, non è niente di grave, sta esagerando." Per chi vive con la ferita dell'umiliazione, queste parole non sono solo una mancanza di empatia: sono una negazione del suo diritto di essere preso sul serio. È una dinamica che si ripete anche in contesti più delicati, come le diagnosi mediche legate al peso o all'aspetto fisico, dove il paziente si sente giudicato più per il suo corpo che per la sua condizione.

La cultura italiana, con la sua enfasi sull'immagine pubblica e sul giudizio degli altri, può amplificare ulteriormente questa ferita. Pensa alle aspettative sociali legate all'apparenza, alla carriera, alla famiglia. Se non si rispetta uno di questi standard, ci si trova facilmente sotto una lente di ingrandimento, giudicati non solo per ciò che si fa, ma per ciò che si è. Questo può portare chi vive con la ferita dell'umiliazione a evitare contesti sociali, a nascondersi, a costruire una vita che sembra perfetta solo per evitare il rischio di essere giudicati.

Anche i social media giocano un ruolo significativo nell'amplificazione di questa ferita. Viviamo in un'epoca in cui ogni momento può essere condiviso, commentato, giudicato. Per chi porta con sé la ferita dell'umiliazione, pubblicare una foto o un pensiero diventa un campo minato. Ogni commento negativo, ogni "mi piace" mancato, si trasforma in un attacco personale, in una conferma della propria vulnerabilità. È un ambiente che alimenta il confronto continuo, e dove l'assenza di approvazione si traduce facilmente in un senso di inadeguatezza.

Ma la ferita dell'umiliazione non si manifesta solo attraverso episodi evidenti. A volte, è il silenzio che fa più male. Pensa a una persona che condivide un'idea, una riflessione, una parte di sé, e riceve solo indifferenza. Per chi vive con questa ferita, quel silenzio è come un'eco che amplifica il senso di inadeguatezza. Non è solo una mancanza di risposta: è la sensazione di non essere visti, di non essere ascoltati, di non contare.

Eppure, ciò che trovo più doloroso è il modo in cui la società spesso non riconosce l'impatto di queste dinamiche. Si tende a minimizzare, a liquidare l'umiliazione come una reazione esagerata. Ma chi porta questa ferita sa quanto possa essere devastante, quanto possa condizionare la vita quotidiana. Non si tratta solo di superare un momento difficile, ma di combattere contro una narrativa interna che ci dice che non siamo abbastanza.

Questa consapevolezza, però, può diventare un punto di partenza per cambiare. Non possiamo controllare il comportamento degli altri o le dinamiche sociali, ma possiamo scegliere come rispondere. Ogni volta che riconosciamo la ferita dell'umiliazione, che scegliamo di non lasciarla definire chi siamo, facciamo un passo verso la libertà. E forse, è proprio in questa scelta che si trova la nostra forza più grande.

L'ECO DELL'INFANZIA

Capitolo 4: Il Tradimento – La Frattura della Fiducia

Il tradimento è una ferita che penetra profondamente, come un coltello che non solo lacera, ma lascia il veleno dietro di sé. Non è solo un atto: è la sensazione di essere stati violati nel cuore della fiducia. È il momento in cui realizzi che ciò che credevi solido era in realtà fragile, che la persona su cui contavi, quella che pensavi fosse dalla tua parte, ha scelto di agire contro di te. È una frattura che non si limita al rapporto con chi ti ha tradito, ma che si estende al modo in cui guardi il mondo, come se ogni cosa fosse tinta da quella stessa ombra.

Ci sono tradimenti che esplodono come una bomba, improvvisi e devastanti, e altri che si insinuano lentamente, come una crepa che si allarga poco a poco fino a spezzare tutto. Non importa come accada: il risultato è sempre lo stesso. Ti ritrovi a mettere in discussione ogni cosa. Come non me ne sono accorto? È colpa mia? Ho sbagliato a fidarmi? Queste domande si insinuano nella mente, e più cerchi di trovare risposte, più ti sembra di sprofondare in un abisso.

Da bambini, il tradimento spesso si manifesta in modi che non riusciamo a comprendere appieno, ma che lasciano un'impronta indelebile. Penso a un bambino che racconta un segreto al suo migliore amico, confidandosi con l'ingenuità di chi non conosce ancora il rischio. Poi, il giorno dopo, scopre che quel segreto è stato rivelato a tutta la classe. Non è solo l'imbarazzo del momento: è il dolore di rendersi conto che quella fiducia, quel legame speciale, è stato infranto. Per quel bambino, quel momento non è solo un episodio isolato. Diventa il seme di una convinzione che potrebbe accompagnarlo per tutta la vita: "Non posso fidarmi degli altri."

Ma il tradimento non riguarda solo le relazioni tra pari. A volte, è ancora più doloroso quando proviene da chi dovrebbe proteggerci, da chi dovrebbe essere un pilastro di sicurezza. Ricordo la storia di un ragazzo il cui padre gli prometteva spesso di venire a vederlo giocare a calcio. Ogni volta, il padre lo rassicurava: "Ci sarò, non preoccuparti." E ogni volta, per un motivo o per l'altro, non si presentava. Per quel ragazzo, ogni promessa mancata era un colpo al cuore, una conferma del fatto che non era abbastanza importante. Anni dopo, quando si trovava in relazioni romantiche, quella ferita riaffiorava. Ogni volta che un partner non manteneva una promessa, anche banale, sentiva risvegliarsi quella vecchia ferita, quel dolore antico che gli diceva: "Non puoi fidarti. Non puoi contare su nessuno."

Questa è la natura del tradimento: non si limita al passato. Si insinua nel presente, influenzando il modo in cui viviamo le nostre relazioni, le nostre scelte, il nostro modo di vedere il mondo. Ogni volta che qualcuno ci delude, ogni volta che una promessa viene infranta, quella ferita si riapre, come se non fosse mai guarita del tutto.

Ci sono persone che, per proteggersi da questa ferita, sviluppano un controllo quasi ossessivo sulle loro relazioni. Vogliono sapere tutto, prevedere tutto, controllare ogni dettaglio, nella speranza che, così facendo, nessuno possa più tradirli. Ma questo controllo ha un prezzo. Finisce per soffocare le relazioni, per impedire quella spontaneità, quella libertà che sono essenziali per costruire un legame autentico. È come cercare di trattenere l'acqua tra le mani: più stringi, più l'acqua scivola via.

Altri, invece, scelgono di ritirarsi, di non fidarsi mai del tutto. Costruiscono muri intorno a sé, impedendo a chiunque di avvicinarsi abbastanza da poterli ferire. Ma quei muri, che dovrebbero proteggerli, finiscono per isolarli. È una vita vissuta a metà, senza la profondità che solo le relazioni autentiche possono offrire. È una solitudine che si autoalimenta, perché ogni volta che scegliamo di non fidarci, confermiamo a noi stessi che non possiamo farlo.

Ma il tradimento non si limita alle relazioni personali. Ha un impatto che si estende a ogni ambito della vita. Sul lavoro, chi vive con questa ferita spesso fatica a delegare, temendo che qualcun altro possa deludere le aspettative o prendere il merito del proprio lavoro. Nelle amicizie, si sviluppa una tensione costante, una paura di essere traditi o dimenticati. Persino nelle interazioni quotidiane, questa ferita si manifesta. Ogni promessa mancata, ogni gesto che non corrisponde alle aspettative, diventa un promemoria di quella ferita.

Una delle cose che trovo più affascinanti del tradimento è il modo in cui ci costringe a confrontarci con la nostra vulnerabilità. Fidarsi significa aprirsi, esporsi, correre un rischio. E quando quel rischio si traduce in dolore, la tentazione è quella di chiudersi, di evitare qualsiasi situazione che possa ripetere quel trauma. Ma la verità è che vivere significa rischiare. Non possiamo evitare il tradimento senza rinunciare anche alla possibilità di connessioni autentiche.

Ho visto persone che, nonostante tutto, scelgono di fidarsi ancora. Non è una scelta facile, né immediata. È un percorso che richiede coraggio, forza e una grande dose di pazienza con sé stessi. Ma ogni volta che scelgono di aprirsi, ogni volta che scelgono di abbattere quei muri, stanno riscrivendo la loro storia. Non sono più definiti dalla ferita, ma dalla loro capacità di affrontarla, di superarla, di trasformarla.

Forse la lezione più importante che il tradimento ci offre è quella di accettare che non possiamo controllare tutto. Non possiamo garantire che nessuno ci ferirà mai. Ma possiamo scegliere come rispondere. Possiamo scegliere di non lasciare che quella ferita definisca chi siamo. Possiamo scegliere di fidarci, di amare, di vivere, nonostante tutto.

Il tradimento è una ferita che lascia cicatrici, ma quelle cicatrici possono diventare segni di forza. Possono ricordarci che, nonostante tutto, siamo ancora qui. E ogni volta che scegliamo di vivere con il cuore aperto, stiamo dimostrando a noi stessi che siamo più forti di qualsiasi dolore.

Il tradimento non è solo un evento: è un terremoto emotivo che scuote le fondamenta della fiducia. Quando accade, qualcosa dentro di noi cambia, e non importa quanto tempo passi, le sue conseguenze si intrecciano al nostro modo di vivere, di relazionarci, di vedere il mondo. Non è solo il dolore di ciò che si è perso, ma anche la consapevolezza, spesso improvvisa e brutale, che chi credevamo fosse dalla nostra parte può scegliere di voltarsi contro di noi. È come scoprire che il terreno sotto i nostri piedi non è mai stato solido come credevamo.

Mi sono spesso chiesto come una ferita così profonda possa cambiare il corso di una vita. Il tradimento non lascia spazio all'indifferenza: ci costringe a reagire, che sia con rabbia, con chiusura, con un bisogno ossessivo di capire perché. Ma la verità è che non sempre ci sono risposte. A volte, chi ci tradisce lo fa per ragioni che nemmeno lui o lei comprende del tutto. Eppure, siamo noi a portare il peso di quell'azione, noi a convivere con le sue conseguenze.

Quello che trovo particolarmente difficile da accettare è la sensazione di essere stati ingenui, di non aver visto i segnali, di aver creduto troppo nell'altro. Non è solo il dolore del tradimento, ma anche quello del disinganno, della perdita di un'illusione. È una ferita che colpisce il nostro senso di identità, che ci porta a chiederci: "Come ho potuto non accorgermene? Come posso fidarmi di nuovo, non solo degli altri, ma anche di me stesso?"

C'è qualcosa di particolarmente straziante nel tradimento perché non riguarda mai solo il passato. Si insinua nel presente, influenza le nostre scelte future, plasma il modo in cui vediamo le relazioni.

Ogni volta che qualcuno si avvicina troppo, ogni volta che una situazione ci ricorda, anche vagamente, quel dolore, il passato torna a farsi sentire. È come una cicatrice che brucia quando cambia il tempo, un promemoria costante di ciò che è accaduto.

Eppure, ciò che trovo ancora più doloroso è il modo in cui il tradimento ci porta a costruire barriere. È una reazione naturale: quando qualcuno ci ferisce, il nostro primo istinto è proteggerci. Costruiamo muri, ci isoliamo, cerchiamo di evitare qualsiasi situazione che possa ripetere quel trauma. Ma quelle stesse barriere, che dovrebbero proteggerci, finiscono per diventare prigioni. Ci impediscono di vivere pienamente, di connetterci con gli altri, di lasciarci andare.

Ricordo una conversazione con un uomo che, dopo essere stato tradito dalla sua partner, decise di non innamorarsi mai più. Era una scelta consapevole, mi disse. Non voleva rischiare di soffrire di nuovo. Eppure, mentre parlava, era evidente che quella scelta lo stava privando di qualcosa di essenziale. Non era solo il dolore della perdita: era il vuoto lasciato dall'assenza di nuove connessioni, di nuove esperienze, di nuove possibilità.

Il tradimento non si limita alle relazioni romantiche. Può accadere in amicizia, in famiglia, sul lavoro. Ogni contesto in cui esiste un legame di fiducia può diventare il terreno per questa ferita. E ogni volta, il dolore è diverso, ma ugualmente profondo. È la sensazione di essere stati vulnerabili, di aver aperto una porta che l'altro ha scelto di calpestare. E mi chiedo: quanta forza ci vuole per continuare ad aprire quella porta, nonostante tutto?

Allo stesso tempo, non posso fare a meno di ammirare chi, dopo un tradimento, sceglie di fidarsi di nuovo. Non è una scelta che avviene da un giorno all'altro, e non sempre è un percorso lineare. Ci sono momenti di dubbio, di paura, di rabbia. Ma ogni volta che qualcuno decide di abbattere quei muri, sta compiendo un atto di coraggio straordinario. Sta dicendo: "Non lascerò che ciò che mi è stato fatto definisca chi sono."

Penso spesso a come il tradimento ci costringa a confrontarci con la nostra umanità. È un'esperienza che ci mette di fronte alle nostre fragilità, alle nostre insicurezze, alla nostra capacità di perdonare. Perché, alla fine, è questo che il tradimento ci chiede: di decidere cosa fare con quel dolore. Possiamo scegliere di aggrapparci al rancore, di lasciare che il passato ci definisca. Oppure possiamo scegliere di andare avanti, di imparare da quell'esperienza, di trasformare il dolore in qualcosa di nuovo.

Ciò che trovo particolarmente interessante è il modo in cui il tradimento ci insegna a mettere confini. Non confini fatti di muri, ma di consapevolezza. Ogni volta che scegliamo di fidarci, non stiamo dicendo che permetteremo a chiunque di ferirci di nuovo. Stiamo dicendo che abbiamo imparato a riconoscere ciò che meritiamo, che non accetteremo meno di ciò che ci fa stare bene. È una lezione difficile, ma necessaria.

E poi c'è il perdono, quel concetto così complesso e spesso frainteso. Non credo che perdonare significhi dimenticare o giustificare. Perdonare, per me, significa scegliere di non portare più quel peso, di non lasciare che il tradimento continui a influenzare la nostra vita. È un atto di liberazione, non per chi ci ha ferito, ma per noi stessi. E quando ci riusciamo, quando troviamo la forza di lasciare andare, scopriamo una leggerezza che non pensavamo fosse possibile.

Forse, alla fine, il tradimento ci insegna qualcosa di fondamentale sulla natura umana: che siamo fragili, sì, ma anche incredibilmente resilienti. Che possiamo essere feriti, ma anche guarire. Che possiamo cadere, ma anche rialzarci. E forse, è proprio in questa capacità di rinascere dalle nostre ferite che risiede la nostra forza più grande.

Ogni tradimento lascia cicatrici, ma quelle cicatrici raccontano una storia. Non sono solo segni di ciò che abbiamo subito, ma di ciò che abbiamo superato. E ogni volta che scegliamo di fidarci, di amare, di vivere, stiamo dimostrando a noi stessi che siamo più forti di qualsiasi dolore.

Il tradimento è una ferita che si insinua nel tessuto delle relazioni umane e viene amplificata dalla società in modi spesso sottili ma profondamente radicati. La nostra cultura, con i suoi codici impliciti e le sue aspettative non dette, può diventare un terreno fertile per il tradimento, sia nelle sue forme evidenti che in quelle più sfumate. La nostra società, con la sua enfasi sul valore delle relazioni, della famiglia e del rispetto reciproco, può paradossalmente acuire questa ferita, creando situazioni in cui il tradimento non è solo un'azione, ma una sensazione collettiva di essere stati delusi o ingannati.

Uno degli ambiti in cui questa ferita emerge con forza è quello delle relazioni familiari. In Italia, la famiglia è spesso considerata il nucleo fondamentale della società, un pilastro su cui costruire la propria identità. Ma cosa succede quando è proprio la famiglia a tradire quella fiducia? Penso a un genitore che promette di sostenere un figlio nelle sue scelte di vita, ma poi, sotto pressione sociale o personale, si tira indietro. Per il figlio, quel momento non è solo una delusione: è una rottura del patto implicito che la famiglia dovrebbe essere un luogo di sicurezza incondizionata. Questo tipo di tradimento, anche quando non è intenzionale, lascia un segno profondo, che spesso si riflette nelle relazioni future, rendendo difficile per la persona fidarsi degli altri o contare su di loro.

Anche nelle amicizie, il tradimento può manifestarsi in modi insidiosi. Viviamo in una cultura in cui l'amicizia è celebrata come uno dei legami più importanti, ma che a volte può diventare un terreno di competizione o incomprensioni. Immagina una persona che confida a un amico un segreto profondo, qualcosa di personale e delicato, e poi scopre che quel segreto è stato condiviso con altri.

Non è solo la violazione della fiducia a ferire, ma anche la sensazione di essere stati esposti, vulnerabili, in un contesto che non era sotto il proprio controllo. Questo tipo di esperienza può portare a un isolamento emotivo, a una difficoltà nel costruire relazioni autentiche per paura di essere traditi di nuovo.

Anche il mondo del lavoro può essere un campo minato per chi vive con la ferita del tradimento. Pensa a un dipendente che lavora duramente per ottenere una promozione, solo per scoprire che il suo superiore ha favorito un collega meno qualificato per ragioni personali o politiche. Per quella persona, non è solo una questione di mancato riconoscimento: è un tradimento delle regole implicite di equità e meritocrazia che dovrebbero governare il contesto lavorativo. Questo tipo di esperienza può generare cinismo, sfiducia nei confronti delle autorità e un senso di disillusione che si estende ben oltre l'ambiente di lavoro.

La società, purtroppo, con la sua enfasi sull'immagine e sulla reputazione, può amplificare il senso di tradimento anche in contesti sociali più ampi. Pensa a un individuo che si impegna per costruire una buona reputazione all'interno della sua comunità, solo per scoprire che qualcuno ha diffuso voci false o ha manipolato informazioni per screditarlo. In una cultura in cui l'onore e la considerazione sociale sono così importanti, questo tipo di tradimento può avere un impatto devastante, portando a un isolamento sociale e a una perdita di fiducia non solo nei confronti di chi ha tradito, ma della comunità stessa.

Anche le istituzioni pubbliche e private possono contribuire a questa ferita. Immagina una persona che, dopo anni di contributi lavorativi, scopre che la sua pensione è stata ridotta a causa di politiche economiche impreviste. Per quella persona, non è solo una questione economica: è la sensazione che un sistema su cui contava l'abbia tradita, mettendo in discussione la sua sicurezza e il suo futuro. Lo stesso vale per le banche, le assicurazioni, o persino il sistema sanitario. Ogni volta che una promessa implicita o esplicita viene infranta, il senso di tradimento si radica più profondamente, generando sfiducia verso le istituzioni che dovrebbero proteggerci.

Un altro contesto significativo è quello delle relazioni romantiche, che la società spesso idealizza come il fulcro del benessere emotivo. Pensa a una persona che scopre l'infedeltà del partner in una società che celebra la fedeltà come uno dei valori principali di una relazione. Per chi subisce questo tipo di tradimento, il dolore non si limita alla relazione in sé, ma si estende all'identità personale e sociale. Ogni promessa non mantenuta, ogni aspettativa infranta, diventa una ferita che sembra dire: "Non sono abbastanza. Non sono degno di essere amato come merito."

Ma non è solo la violazione delle aspettative a ferire. A volte, è l'indifferenza della società stessa che amplifica il dolore del tradimento. Viviamo in un mondo in cui siamo costantemente esposti alla vita degli altri, attraverso i social media e altre piattaforme, e questo confronto continuo può farci sentire traditi dalle nostre stesse vite. Penso a una persona che ha lavorato duramente per raggiungere un obiettivo, solo per vedere un'altra persona ottenere lo stesso risultato senza sforzo apparente. Anche se non c'è un tradimento diretto, la sensazione di essere stati "ingannati" dalla vita, dalle circostanze, può avere un impatto profondo, alimentando un senso di ingiustizia e disillusione.

Quello che trovo particolarmente doloroso è che la società spesso non riconosce il peso di queste esperienze. Si tende a minimizzare, a considerare il tradimento come parte della vita, qualcosa da accettare e superare. Ma per chi vive con questa ferita, ogni episodio si somma ai precedenti, creando un accumulo di dolore che diventa sempre più difficile da gestire. È un dolore che non si limita a un momento specifico, ma che si ripresenta in ogni nuova situazione in cui ci troviamo a dover fidarci degli altri.

Eppure, credo che proprio in questo contesto sociale il tradimento possa insegnarci qualcosa di importante. Ci spinge a riflettere su cosa significhi davvero fidarsi, su quali siano i nostri limiti, su quanto siamo disposti a rischiare per costruire legami autentici. E, forse, ci offre anche l'opportunità di mettere confini più sani, di scegliere con maggiore consapevolezza chi merita la nostra fiducia e chi no.

In una società che spesso celebra l'apparenza più della sostanza, imparare a navigare attraverso il tradimento significa anche riscoprire il nostro valore. Significa capire che, anche quando qualcuno ci delude, non è un riflesso di ciò che siamo, ma delle scelte dell'altro. E quando riusciamo a fare pace con questa verità, scopriamo una forza che ci permette di andare avanti, di fidarci di nuovo, di vivere con il cuore aperto nonostante tutto.

Il tradimento, nel contesto sociale, non si limita solo a relazioni personali o dinamiche familiari. Esiste una dimensione collettiva del tradimento che coinvolge istituzioni, sistemi, e perfino norme culturali. Ogni volta che una promessa implicita viene infranta, ogni volta che le aspettative condivise vengono disattese, il tradimento si fa sentire, a volte in modi sottili, altre volte con un impatto devastante.

Pensa, per esempio, a chi investe tempo, denaro e speranze in un percorso educativo che promette opportunità future, solo per scoprire, una volta terminati gli studi, che il mercato del lavoro non ha spazio per lui. In Italia, questa esperienza è fin troppo comune. Giovani talentuosi, laureati con sacrificio in settori che un tempo erano considerati prestigiosi, si trovano a dover accettare lavori precari o al di sotto delle loro competenze. Per loro, non è solo una questione di delusione professionale: è un senso di tradimento da parte di un sistema che ha alimentato aspettative senza poi fornire i mezzi per realizzarle. È un tradimento generazionale, che lascia un'impronta non solo sull'individuo, ma sull'intera coorte di giovani che si sentono ingannati dalle promesse della società.

Un altro contesto significativo è quello legato alla sanità pubblica. In un paese in cui l'accesso alla salute è un diritto costituzionale, scoprire che quel diritto è condizionato da liste d'attesa interminabili, da strutture sovraffollate o da personale insufficiente, può essere percepito come un tradimento del contratto sociale. Immagina un paziente anziano che, dopo mesi di attesa per una visita medica, scopre che il suo problema è peggiorato nel frattempo. Non è solo una questione di disagio fisico: è la sensazione di essere stato abbandonato da un sistema che avrebbe dovuto proteggerlo nei momenti di maggiore vulnerabilità.

La percezione del tradimento sociale si estende anche al campo economico. Pensa a una famiglia che, dopo anni di risparmi, decide di investire in un fondo o in un prodotto finanziario che si rivela essere una truffa, o che viene penalizzato da cambiamenti normativi imprevedibili. Per loro, non è solo una perdita economica: è una ferita emotiva, un colpo alla fiducia non solo verso l'istituzione bancaria, ma verso l'intero sistema che avrebbe dovuto regolamentare e proteggere quel tipo di investimenti. È un tradimento che fa vacillare la percezione di sicurezza e stabilità, lasciando dietro di sé un senso di precarietà che si riflette in ogni decisione futura.

Anche la sfera politica contribuisce a rafforzare questa ferita. Elezioni dopo elezioni, i cittadini sentono promesse di cambiamento, di giustizia sociale, di opportunità. Ma quante volte quelle promesse si traducono in azioni concrete? Ogni volta che una promessa elettorale non viene mantenuta, ogni volta che un leader politico si dimostra più interessato al proprio tornaconto che al bene comune, la società intera subisce un tradimento. Questo tipo di delusione non è solo un'esperienza individuale: è un trauma collettivo che si accumula nel tempo, erodendo la fiducia nelle istituzioni e portando a un cinismo diffuso che diventa difficile da scardinare.

Il tradimento può emergere anche nelle dinamiche di comunità più piccole, come nei quartieri o nei gruppi sociali. Pensa a un residente che lotta per anni per migliorare le condizioni del suo quartiere, solo per scoprire che i fondi promessi per i lavori pubblici sono stati dirottati altrove o che un progetto che avrebbe dovuto migliorare la qualità della vita è stato abbandonato. Non è solo una questione pratica: è un colpo alla motivazione, un senso di impotenza che si traduce in un progressivo disimpegno da parte dei cittadini, che si sentono traditi da chi avrebbe dovuto rappresentarli.

Anche la tecnologia moderna, paradossalmente, amplifica il senso di tradimento. Viviamo in un'epoca in cui le piattaforme digitali promettono connessione, comunità e trasparenza. Ma quando scopriamo che i nostri dati personali sono stati venduti senza il nostro consenso, o che le piattaforme stesse manipolano i contenuti che vediamo per i propri scopi, sentiamo un tradimento profondo. Non è solo una questione di privacy violata: è la sensazione di essere stati usati, di essere stati trattati non come persone, ma come merci. Questo tipo di tradimento tecnologico è particolarmente insidioso perché si insinua nella nostra quotidianità, rendendoci diffidenti verso strumenti che ormai sono indispensabili per la vita moderna.

Quello che trovo più complesso del tradimento nella società è il modo in cui spesso non viene riconosciuto o affrontato. È facile puntare il dito contro un individuo che ha tradito la nostra fiducia, ma come si affronta un tradimento da parte di un sistema, di un'istituzione, di una struttura sociale? È un dolore che spesso rimane silenzioso, non condiviso, perché non sappiamo a chi rivolgerci per esprimere quella sensazione di delusione, di disillusione.

Eppure, credo che riconoscere il tradimento sociale sia il primo passo per iniziare a superarlo. Ogni volta che parliamo di queste esperienze, che le condividiamo, che diamo loro un nome, stiamo facendo un atto di resistenza. Stiamo dicendo: "Questo non è normale. Questo non è accettabile." E forse, attraverso questa consapevolezza collettiva, possiamo iniziare a costruire una società che sia più attenta, più rispettosa, più degna della fiducia che riponiamo in essa.

Capitolo 5: L'Ingiustizia – La Lotta per l'Equità

L'ingiustizia è una ferita che si radica profondamente, come un peso invisibile che ci accompagna ogni giorno. È una sensazione che ci fa dubitare del mondo intorno a noi, della sua equità, della sua capacità di rispettare ciò che è giusto. Non è solo un evento isolato, un torto subito: è la somma di tanti piccoli momenti in cui ci siamo sentiti trattati in modo diverso, esclusi da ciò che ci spettava di diritto, ignorati quando meritavamo di essere visti.

Fin da piccoli impariamo cosa significhi la giustizia. È una delle prime lezioni implicite che riceviamo dalla famiglia, dalla scuola, dai nostri primi rapporti con gli altri. Quando un genitore distribuisce equamente l'attenzione tra fratelli o quando un insegnante loda gli sforzi di ogni studente, ci sentiamo rassicurati, come se il mondo avesse un senso. Ma cosa succede quando questa equità viene a mancare? Quando il fratello maggiore riceve un trattamento privilegiato, o quando un insegnante sembra avere preferenze evidenti? Per un bambino, questi momenti non sono solo delusioni: sono crepe nel senso di giustizia che stiamo costruendo, crepe che, se non curate, possono trasformarsi in ferite profonde.

Ricordo una storia che mi colpì profondamente. Un uomo mi raccontò di come, da bambino, si sentisse sempre in secondo piano rispetto al fratello maggiore. Ogni volta che c'era un conflitto, i genitori sembravano automaticamente schierarsi dalla parte del fratello. Non importava chi avesse iniziato o cosa fosse accaduto: la colpa ricadeva sempre su di lui. Crescendo, quel bambino imparò a non aspettarsi giustizia. Si ritirò in sé stesso, evitando di esprimere le proprie opinioni o di difendere i propri diritti, convinto che, qualunque cosa facesse, non sarebbe mai stato trattato in modo equo. Da adulto, quella ferita si rifletteva nelle sue relazioni. Ogni volta che si sentiva ignorato o trascurato, anche per ragioni innocue, quel dolore riaffiorava, come un'eco di quel passato mai superato.

L'ingiustizia non è solo una questione di equità: è una questione di valore personale. Quando ci sentiamo trattati ingiustamente, non mettiamo in discussione solo il comportamento degli altri, ma anche il nostro posto nel mondo. È come se il trattamento ricevuto ci dicesse: "Non meriti di essere considerato." Questo pensiero, se non affrontato, può diventare una convinzione radicata, influenzando il modo in cui vediamo noi stessi e gli altri.

C'è qualcosa di particolarmente straziante nella ferita dell'ingiustizia, perché spesso ci lascia senza una risposta. Quando veniamo trattati ingiustamente, la nostra prima reazione è chiedere: "Perché?" Ma raramente troviamo una risposta soddisfacente. Non sempre c'è una logica dietro l'ingiustizia: a volte, è semplicemente il risultato di dinamiche che sfuggono al nostro controllo. Eppure, questo non rende il dolore meno intenso. Anzi, il senso di impotenza che accompagna l'ingiustizia può essere ancora più devastante.

Da adulti, questa ferita si manifesta in modi diversi. Alcuni diventano paladini della giustizia, dedicando la loro vita a combattere ogni forma di ingiustizia, anche a costo di trascurare sé stessi. È il collega che si batte per i diritti di tutti, anche quando non ne trarrebbe alcun beneficio personale. È l'amico che si schiera sempre dalla parte dei più deboli, anche quando questo lo mette in una posizione scomoda. È il partner che si assicura costantemente che ogni decisione sia equa, temendo di ripetere le dinamiche del passato.

Altri, invece, reagiscono in modo opposto. Si ritirano, evitano il confronto, accettano l'ingiustizia come una parte inevitabile della vita. È il dipendente che non si lamenta quando viene trattato male dal capo, convinto che non servirebbe a nulla. È il genitore che non interviene quando il proprio figlio viene escluso, temendo di peggiorare la situazione. È la persona che, pur sapendo di meritare di più, sceglie di non chiedere, di non pretendere, perché ha imparato che il mondo non è un posto giusto.

Ma c'è un altro lato dell'ingiustizia, un lato che trovo straordinariamente potente. Ho visto persone che, nonostante tutto, scelgono di affrontare quella ferita, di trasformarla in una forza. Non è un percorso facile, né rapido. Richiede di guardare dentro di sé, di affrontare le proprie paure, di accettare che non sempre riceveremo ciò che meritiamo. Ma è un percorso che, alla fine, porta a una maggiore consapevolezza, a una maggiore forza interiore.

Penso che una delle lezioni più importanti che questa ferita ci offre sia quella di distinguere tra ciò che possiamo controllare e ciò che non possiamo cambiare. Non possiamo garantire che il mondo sarà sempre giusto, ma possiamo scegliere come rispondere a ciò che ci accade. Possiamo scegliere di non lasciare che l'ingiustizia definisca chi siamo. Possiamo scegliere di continuare a lottare per ciò che è giusto, anche quando sembra una battaglia persa.

Ho visto persone trovare la forza di affrontare questa ferita attraverso la creatività. Scrivere, dipingere, creare qualcosa dal nulla è un atto di ribellione contro l'ingiustizia. È un modo per dire: "Sono più di ciò che gli altri vedono. Sono più di ciò che mi è stato fatto." Ogni volta che scegliamo di esprimerci, ogni volta che scegliamo di agire, stiamo rompendo il ciclo dell'ingiustizia.

E forse, la lezione più importante che l'ingiustizia ci insegna è quella di accettare la nostra umanità. Viviamo in un mondo imperfetto, un mondo in cui l'ingiustizia è una realtà con cui dobbiamo fare i conti. Ma questo non significa che dobbiamo arrenderci. Ogni volta che scegliamo di agire, di parlare, di lottare per ciò che è giusto, stiamo dimostrando a noi stessi e agli altri che l'ingiustizia non ha l'ultima parola. Stiamo dimostrando che, nonostante tutto, possiamo scegliere di essere migliori.

L'ingiustizia è una ferita che lascia cicatrici, ma quelle cicatrici possono diventare segni di forza. Possono ricordarci che, nonostante tutto, siamo ancora qui. E ogni volta che scegliamo di vivere con integrità, stiamo dimostrando a noi stessi che siamo più forti di qualsiasi ingiustizia.

L'ingiustizia è una ferita che ha la capacità unica di insinuarsi nelle pieghe più profonde della nostra anima. È come un tarlo invisibile che lavora silenziosamente, corrodendo la nostra fiducia nel mondo, negli altri, e a volte anche in noi stessi. Non è solo un atto, un momento o una decisione sbagliata: è un'esperienza che mette in discussione l'intera struttura delle nostre convinzioni, del nostro senso di equità e di sicurezza.

Fin dall'infanzia, impariamo a percepire la giustizia come una bilancia: ogni azione ha una conseguenza, ogni sforzo un riconoscimento, ogni errore una correzione. È un sistema che ci rassicura, che ci fa sentire al sicuro. Ma cosa accade quando questa bilancia si inclina, quando il sistema che dovrebbe proteggerci ci tradisce? È come se il terreno sotto i nostri piedi iniziasse a sgretolarsi, lasciandoci con una sensazione di vulnerabilità che spesso ci accompagna per tutta la vita.

Questa ferita si sviluppa spesso in tenera età, quando la nostra visione del mondo è ancora pura, non contaminata dalla complessità della realtà. Penso a un bambino che, in una classe di scuola primaria, alza la mano per rispondere a una domanda, ma viene ignorato dall'insegnante, che preferisce sempre rivolgersi agli stessi studenti. Non è solo una questione di esclusione: per quel bambino, quel momento diventa un messaggio implicito sul suo valore. "Non sono abbastanza bravo. Non importa quanto ci provi, non sarò mai scelto." È una lezione che, se ripetuta nel tempo, si radica profondamente, influenzando il modo in cui quella persona si percepirà per il resto della vita.

Ma l'ingiustizia non si manifesta solo nelle dinamiche scolastiche. Anche nelle famiglie, che dovrebbero essere il primo luogo di protezione e sostegno, questa ferita può nascere e crescere. Immagina una famiglia in cui un figlio viene continuamente paragonato ai fratelli. "Perché non sei bravo come tua sorella? Guarda quanto è ordinata, quanto è disciplinata." Ogni volta che queste parole vengono pronunciate, ogni volta che una preferenza viene mostrata, quella bilancia si inclina un po' di più. Il bambino che subisce questo trattamento non vede solo un'ingiustizia: vede un'accusa implicita, un giudizio sul proprio valore.

Da adulti, questa ferita si manifesta in modi sottili ma potenti. Penso a una giovane donna che lavora duramente in un'azienda, sperando di ottenere una promozione. È la più qualificata, ha dato il massimo, ma alla fine il posto viene assegnato a qualcuno con meno esperienza, ma con le "giuste" connessioni. Per lei, non è solo una delusione professionale: è una conferma del fatto che il mondo non è giusto, che gli sforzi non sempre vengono premiati. Questo tipo di esperienza non si limita al luogo di lavoro. Influenza il modo in cui quella persona vedrà ogni sistema di cui farà parte, portandola a dubitare della sua capacità di cambiare le cose.

Ma l'ingiustizia non colpisce solo i singoli. Esiste una dimensione collettiva di questa ferita, che coinvolge intere comunità e generazioni. Pensa a un gruppo di persone che, per ragioni storiche, culturali o economiche, si trovano sistematicamente escluse da opportunità che dovrebbero essere accessibili a tutti. Ogni volta che vedono le porte chiudersi davanti a loro, ogni volta che vengono trattate come cittadini di serie B, quel senso di ingiustizia cresce, diventando parte della loro identità collettiva. È una ferita che non si limita al presente, ma che viene tramandata di generazione in generazione, diventando un peso che sembra impossibile da scrollarsi di dosso.

Un altro aspetto dell'ingiustizia che trovo affascinante, e al tempo stesso doloroso, è il modo in cui ci spinge a mettere in discussione noi stessi. Quando veniamo trattati ingiustamente, spesso la nostra prima reazione non è accusare gli altri, ma chiederci cosa abbiamo fatto di sbagliato. È come se, di fronte all'ingiustizia, ci fosse una parte di noi che cerca di trovare una spiegazione, anche a costo di dare la colpa a noi stessi. Questo è particolarmente vero nei bambini, ma accade anche agli adulti. Ogni volta che ci chiediamo: "Forse non ho fatto abbastanza? Forse non merito di meglio?" stiamo interiorizzando quel senso di ingiustizia, trasformandolo in una convinzione che rischia di definirci.

Eppure, ciò che trovo straordinario è la capacità dell'essere umano di trasformare questa ferita in una forza. Ho visto persone che, dopo aver subito ingiustizie, hanno scelto di dedicare la loro vita a combattere per gli altri, per coloro che non hanno voce. Non è un percorso facile, né immediato. Richiede una forza interiore incredibile, la capacità di guardare oltre il proprio dolore per trasformarlo in qualcosa di costruttivo. È un atto di ribellione contro un sistema che sembra progettato per schiacciare chi subisce l'ingiustizia, ed è un atto di speranza, perché dimostra che, nonostante tutto, possiamo scegliere di agire.

Forse, la lezione più importante che questa ferita ci insegna è quella di accettare l'imperfezione del mondo senza arrenderci ad essa. Viviamo in una realtà in cui l'ingiustizia è inevitabile, ma questo non significa che dobbiamo accettarla passivamente. Ogni volta che scegliamo di agire, di parlare, di lottare per ciò che è giusto, stiamo facendo un passo verso un mondo migliore. E ogni volta che scegliamo di trattare gli altri con rispetto, con equità, stiamo contribuendo a rompere il ciclo dell'ingiustizia.

L'ingiustizia è una ferita che lascia segni profondi, ma non deve definirci. Possiamo scegliere di vedere quelle cicatrici non come segni di debolezza, ma come prove della nostra resilienza, della nostra capacità di affrontare e superare ciò che ci è stato fatto. E ogni volta che scegliamo di vivere con integrità, stiamo dimostrando a noi stessi e al mondo che, nonostante tutto, possiamo essere migliori.

L'ingiustizia è una di quelle ferite che, più di altre, sembra insinuarsi nei meccanismi più profondi del nostro senso di identità. Mi colpisce sempre quanto sia universale e, allo stesso tempo, incredibilmente personale. Non c'è persona che non abbia provato, almeno una volta, quella sensazione di essere stata trattata in modo ingiusto. Eppure, il modo in cui ciascuno di noi vive e interpreta l'ingiustizia è unico, filtrato dalle nostre esperienze, dalle nostre aspettative, e dal nostro senso di valore.

Per me, il peso dell'ingiustizia sta tutto nella sua capacità di farci mettere in discussione. Quando siamo vittime di un torto, non è solo il comportamento degli altri che ci ferisce. È il nostro stesso senso di equilibrio, di merito, di appartenenza che viene scosso. Ci troviamo a domandarci: "Cosa ho fatto per meritare questo? Forse non sono abbastanza?" Ed è qui che l'ingiustizia mostra la sua faccia più crudele: ci fa dubitare di noi stessi, ci porta a interiorizzare un dolore che, in realtà, non ci appartiene.

Mi viene in mente una situazione di anni fa. Una mia conoscente, che aveva lavorato per mesi a un progetto professionale, si vide scavalcare da un collega per una promozione. Ricordo il suo sgomento, la sua rabbia, ma soprattutto il suo senso di smarrimento. "Cosa avrei potuto fare di diverso?" mi chiese. La sua domanda mi colpì profondamente, perché era evidente che non aveva fatto nulla di sbagliato. Eppure, come accade spesso, si stava attribuendo la responsabilità di un'ingiustizia che era completamente fuori dal suo controllo. È questa dinamica che trovo tanto devastante: il modo in cui l'ingiustizia ci spinge a mettere in dubbio il nostro valore, anche quando sappiamo, razionalmente, di non aver sbagliato nulla.

L'ingiustizia ha un modo subdolo di insinuarsi nei rapporti

interpersonali, nei sistemi, nelle dinamiche che viviamo ogni giorno. Ma quello che trovo più affascinante è come riesca a modificare la nostra percezione del mondo. Ho incontrato persone che, a causa di una serie di esperienze ingiuste, hanno sviluppato una visione profondamente cinica della realtà. Per loro, tutto diventa una lotta, ogni relazione un campo di battaglia. Non si fidano più, non si aspettano più nulla, e vivono con la costante convinzione che, qualunque cosa facciano, il mondo sarà sempre contro di loro.

Eppure, ho visto anche l'altro lato. Ho visto persone che, pur avendo subito ingiustizie inimmaginabili, sono riuscite a trasformare quel dolore in qualcosa di straordinario. Sono le persone che scelgono di non arrendersi, che decidono di combattere, non solo per sé stesse, ma per gli altri. Ogni volta che vedo questo tipo di resilienza, mi sento ispirato. Mi ricorda che, anche quando il mondo sembra ingiusto, abbiamo ancora il potere di scegliere come rispondere. Non possiamo controllare ciò che ci accade, ma possiamo decidere cosa farne, come integrarlo nella nostra storia.

Rifletto spesso su come l'ingiustizia ci insegni, in modo brutale, l'importanza dei confini. Quando siamo vittime di un torto, impariamo a riconoscere ciò che è accettabile e ciò che non lo è. È una lezione dolorosa, ma essenziale. Ogni volta che scegliamo di dire "no" a un'ingiustizia, ogni volta che decidiamo di non accettare un trattamento scorretto, stiamo riaffermando il nostro valore. E questo, per me, è uno degli atti più potenti che possiamo compiere.

Ma c'è un altro aspetto dell'ingiustizia che trovo particolarmente complesso: il perdono. È possibile perdonare chi ci ha trattato ingiustamente? E, se sì, come? Non credo che il perdono significhi dimenticare o giustificare. Per me, perdonare significa liberarsi dal peso di quel dolore, scegliere di non lasciare che l'ingiustizia ci definisca. È un atto di liberazione, non per chi ci ha ferito, ma per noi stessi. Eppure, riconosco che non è una scelta facile. Richiede tempo, pazienza, e una profonda comprensione di ciò che abbiamo vissuto.

Ciò che trovo particolarmente interessante è come l'ingiustizia ci costringa a guardare oltre noi stessi. Quando subiamo un torto, ci rendiamo conto di quanto sia importante costruire un mondo più giusto, non solo per noi, ma per tutti. È come se quella ferita ci aprisse gli occhi, ci facesse vedere le ingiustizie che ci circondano con maggiore chiarezza. Ed è qui che l'ingiustizia, paradossalmente, può diventare una forza positiva. Può spingerci a lottare, a fare la differenza, a costruire qualcosa di migliore.

Mi chiedo spesso cosa significhi davvero la giustizia. È possibile creare un mondo in cui ogni persona venga trattata in modo equo? O è solo un ideale, qualcosa a cui aspiriamo sapendo che non potremo mai raggiungerlo completamente? Non ho una risposta definitiva, ma credo che valga comunque la pena provarci. Ogni piccolo gesto di giustizia, ogni atto di equità, fa la differenza. E ogni volta che scegliamo di trattare gli altri con rispetto, stiamo contribuendo a creare un mondo in cui l'ingiustizia abbia meno spazio.

L'ingiustizia è una ferita che lascia segni profondi, ma non deve definirci. Possiamo scegliere di vederla come un'opportunità per crescere, per imparare, per diventare più forti. E forse, alla fine, è proprio questa capacità di trasformare il dolore in forza che ci rende umani.

L'ingiustizia, tra tutte le ferite emotive, sembra possedere un linguaggio universale, eppure è percepita e vissuta in modi profondamente personali. Per chi subisce un'ingiustizia, non si tratta solo di un torto, ma di un'esperienza che mina il senso stesso di equilibrio e appartenenza. È come se l'universo avesse momentaneamente smesso di seguire le sue leggi e ci avesse lasciati in balia del caos. E ciò che rende questa ferita particolarmente insidiosa è la sua capacità di penetrare non solo nella nostra vita emotiva, ma anche nella nostra percezione del mondo e, soprattutto, di noi stessi.

Le discipline analogiche ci offrono una chiave di lettura potente per comprendere come l'ingiustizia si radica nel nostro inconscio. L'essere umano, secondo questi approcci, è mosso da tensioni profonde che nascono dalla ricerca di equilibrio tra l'essere e l'avere. Quando ci sentiamo trattati ingiustamente, si crea un turbamento interiore: un conflitto tra ciò che percepiamo come nostro diritto naturale e ciò che ci viene negato. Questo turbamento non si limita al momento presente, ma si collega a una rete di esperienze passate, spesso dimenticate a livello conscio, che continuano a influenzare il nostro modo di vivere il mondo.

Mi colpisce sempre come, nelle sessioni di discipline analogiche, emergano pattern ricorrenti legati all'ingiustizia. Una delle situazioni più comuni è quella di persone che, fin dall'infanzia, hanno sentito di non ricevere lo stesso trattamento riservato agli altri. Magari un fratello veniva elogiato per ogni piccolo successo, mentre loro dovevano dimostrare continuamente il proprio valore. Magari un insegnante preferiva sempre altri studenti, ignorando i loro sforzi. Queste dinamiche, che potrebbero sembrare banali agli occhi esterni, diventano il terreno fertile per la formazione della ferita dell'ingiustizia.

Un aspetto che trovo straordinario delle discipline analogiche è il concetto di rigenerazione emozionale. Secondo questo approccio, l'essere umano tende inconsciamente a ricreare situazioni che riattivano i propri turbamenti emotivi, nella speranza, non sempre consapevole, di risolverli. È così che una persona con la ferita dell'ingiustizia finisce spesso per trovarsi in contesti che amplificano quel senso di squilibrio: un lavoro in cui non viene riconosciuto il merito, relazioni in cui si sente sempre l'ultima priorità, situazioni sociali in cui le sue opinioni vengono costantemente ignorate.

Questa dinamica mi ha sempre affascinato e, al tempo stesso, turbato. È come se fossimo prigionieri di un ciclo che non riusciamo a spezzare, eppure è proprio in questo ciclo che si nasconde la possibilità di guarigione. Ogni volta che l'ingiustizia si manifesta, abbiamo l'opportunità di osservarla, di comprenderne le radici, di riconoscere come essa si collega al nostro passato. E, una volta compreso questo legame, possiamo iniziare a riscrivere la nostra narrativa, a scegliere una risposta diversa.

Mi viene in mente una donna che ho conosciuto anni fa. Aveva trascorso tutta la sua vita a combattere contro l'ingiustizia, non solo quella personale, ma anche quella che vedeva intorno a sé. Era una persona straordinariamente empatica, sempre pronta a schierarsi dalla parte dei più deboli. Eppure, nel corso di una conversazione, mi confessò che il suo impegno non era nato solo dal desiderio di aiutare gli altri, ma anche da un profondo bisogno di risolvere la propria ferita. Da bambina, aveva visto il padre trattare la madre in modo ingiusto, ignorando i suoi sacrifici e minimizzando i suoi sforzi. Quell'esperienza l'aveva segnata, spingendola a cercare giustizia ovunque andasse. Ma, come mi disse lei stessa, non aveva mai pensato di cercare giustizia per sé stessa.

Questo, credo, sia uno degli aspetti più difficili della ferita dell'ingiustizia: il modo in cui ci porta a trascurare noi stessi. Quando siamo troppo concentrati sul riparare i torti del mondo, rischiamo di ignorare i torti che infliggiamo a noi stessi, accettando situazioni che perpetuano la nostra sofferenza.

Le discipline analogiche ci insegnano che la vera giustizia nasce dall'interno. Non possiamo aspettarci che il mondo sia sempre equo, ma possiamo imparare a trattarci con equità, a riconoscere il nostro valore, a mettere confini sani nelle nostre relazioni. Questo non significa accettare passivamente l'ingiustizia, ma affrontarla con una forza che nasce dalla consapevolezza di chi siamo.

Un altro aspetto che trovo fondamentale è il ruolo della società nel perpetuare questa ferita. Viviamo in un mondo che spesso premia l'apparenza più della sostanza, che valorizza il successo individuale più dell'equità collettiva. Ogni volta che vediamo qualcuno ottenere ciò che non ha meritato, ogni volta che il nostro lavoro viene ignorato mentre altri vengono elogiati, quella ferita si riapre. È una dinamica che ci porta a competere, a confrontarci, a sentirci sempre in difetto.

Eppure, credo che proprio in queste situazioni si nasconda una lezione importante. L'ingiustizia ci spinge a riflettere su ciò che conta davvero, a distinguere tra ciò che è superficiale e ciò che ha valore. Ogni volta che scegliamo di agire con integrità, ogni volta che scegliamo di trattare gli altri con rispetto, stiamo contribuendo a rompere il ciclo dell'ingiustizia. Non possiamo cambiare il mondo da soli, ma possiamo iniziare da noi stessi, dalle nostre azioni, dalle nostre relazioni.

Forse, alla fine, la ferita dell'ingiustizia ci insegna qualcosa di fondamentale sulla natura umana. Ci ricorda che siamo imperfetti, che il mondo è imperfetto, ma che proprio in questa imperfezione risiede la nostra forza. Ogni volta che scegliamo di affrontare l'ingiustizia con coraggio, ogni volta che scegliamo di rispondere al dolore con compassione, stiamo dimostrando a noi stessi e al mondo che possiamo essere migliori.

L'ingiustizia, nella sua essenza, è spesso un riflesso delle dinamiche di potere e disuguaglianza che pervadono la società. Non è un'ombra che si allunga solo nelle vite individuali, ma una ferita collettiva che si manifesta con particolare forza quando le istituzioni, quelle stesse entità create per proteggere e promuovere il benessere comune, falliscono nel loro compito. Quando la società, attraverso le sue strutture politiche ed economiche, sembra privilegiare pochi a scapito di molti, l'ingiustizia diventa un'esperienza quotidiana che infligge un dolore profondo, soprattutto sui più vulnerabili.

Viviamo in un periodo in cui la disuguaglianza è palpabile. L'attuale situazione governativa in Italia non fa eccezione. In un contesto in cui si discute tanto di diritti e benessere, le politiche sembrano spesso orientate a favorire chi è già in una posizione di vantaggio. I tagli ai servizi pubblici, come la sanità e l'istruzione, colpiscono soprattutto chi dipende da questi per sopravvivere o migliorare la propria condizione. Immagina una madre single, che lavora part-time perché non può permettersi una babysitter, e che scopre che i fondi destinati alle scuole del suo quartiere sono stati ridotti. Non è solo una questione pratica: è un messaggio implicito che le dice che lei e i suoi figli contano meno.

L'ingiustizia si amplifica quando si aggiungono l'arroganza e l'ignoranza di chi governa. Alcuni politici sembrano vivere in una realtà parallela, lontana dalle difficoltà quotidiane delle persone comuni. Non sono rari i commenti che trasudano disconnessione e superficialità, come quando si minimizzano i problemi legati al caro vita, suggerendo soluzioni che rivelano una totale mancanza di empatia e comprensione. "Basta che si trovino un lavoro migliore," si sente dire a volte, come se le opportunità fossero a portata di mano per tutti, come se il problema fosse sempre e solo individuale.

Questa narrazione, alimentata dai media e dagli stessi governi, scarica il peso dell'ingiustizia sulle spalle di chi la subisce. È un meccanismo che colpevolizza i più deboli, rafforzando l'idea che se non ce la fai è colpa tua, non delle circostanze o di un sistema che sembra progettato per escluderti. È un tradimento collettivo, una ferita che non si limita a colpire economicamente, ma che mina anche la dignità delle persone, il loro senso di appartenenza e la loro fiducia nella società.

Penso ai tanti lavoratori precari che, nonostante orari estenuanti e salari inadeguati, vedono i loro diritti erosi giorno dopo giorno. Quando il governo promuove leggi che rendono più facile licenziare o che offrono incentivi alle imprese senza garantire migliori condizioni lavorative, si alimenta una sensazione di profonda ingiustizia. Questi lavoratori non chiedono favori o privilegi: chiedono solo ciò che è giusto. Eppure, ogni decisione politica che li ignora o li penalizza diventa un ulteriore peso sulle loro spalle, una conferma del fatto che le loro voci non contano.

Anche la gestione dei fondi pubblici è spesso un esempio lampante di come la società possa amplificare la ferita dell'ingiustizia. Quando vediamo risorse destinate a progetti di facciata, inutili per la comunità ma vantaggiosi per chi li approva, ci troviamo di fronte a un tradimento del contratto sociale. Ogni volta che i soldi pubblici vengono sprecati, ogni volta che i bisogni reali vengono ignorati in favore di interessi personali, la ferita dell'ingiustizia si approfondisce. Non è solo una questione economica: è la sensazione che chi dovrebbe rappresentarci stia giocando con le nostre vite.

Le discipline analogiche offrono una prospettiva interessante su come questa dinamica colpisca le persone. Secondo questi approcci, l'ingiustizia percepita nelle dinamiche sociali spesso riattiva ferite antiche, legate a esperienze di squilibrio vissute nell'infanzia. Quando il sistema ci tradisce, non sentiamo solo il peso dell'ingiustizia presente: sentiamo il dolore di tutte quelle volte in cui, da bambini, ci siamo sentiti esclusi o trascurati. È un turbamento profondo che non si limita alla razionalità, ma che colpisce il nostro inconscio, creando un circolo vizioso che ci porta a percepire ogni ulteriore torto con maggiore intensità.

Un esempio calzante è quello dei giovani, che si affacciano al mondo del lavoro con entusiasmo, solo per trovarsi di fronte a un sistema che non premia il merito, ma le conoscenze, le raccomandazioni, le scorciatoie. Ogni stage non retribuito, ogni colloquio andato a vuoto, ogni promessa non mantenuta diventa una conferma del fatto che il sistema non funziona come dovrebbe. Questo non solo alimenta frustrazione, ma spegne anche la motivazione, lasciando spazio a una generazione che si sente tradita e priva di speranza.

Un altro contesto significativo è quello delle persone anziane, spesso le più penalizzate da decisioni governative che ignorano le loro esigenze. Quando una pensione non basta per coprire le spese mediche o quando i servizi di assistenza vengono ridotti, queste persone si trovano ad affrontare un'ingiustizia che non è solo materiale, ma profondamente morale. È come se la società dicesse loro: "Non sei più utile, quindi non meriti attenzione." Questo messaggio, implicito ma potente, non fa che isolare ulteriormente chi già vive ai margini.

Anche il sistema educativo italiano, che dovrebbe essere uno strumento di equità, spesso perpetua la ferita dell'ingiustizia. Le disparità tra scuole in contesti economicamente svantaggiati e quelle nei quartieri più ricchi sono evidenti. I bambini che crescono in contesti difficili non solo ricevono meno risorse, ma vengono anche stigmatizzati, come se il loro fallimento fosse già scritto. Ogni volta che un insegnante si arrende alla convinzione che "non si può fare molto" per certi studenti, ogni volta che una scuola non riceve i fondi necessari, stiamo alimentando una ferita che quei bambini porteranno con sé per tutta la vita.

La società, nel suo insieme, dovrebbe essere il luogo in cui troviamo rifugio dall'ingiustizia, non una sua fonte. Ma finché continueremo a privilegiare gli interessi di pochi a scapito dei molti, finché permetteremo che l'ignoranza e l'indifferenza guidino le decisioni di chi ci rappresenta, questa ferita continuerà a crescere. Eppure, credo fermamente che possiamo fare di meglio. Ogni volta che scegliamo di agire con integrità, ogni volta che diamo voce a chi non ce l'ha, stiamo facendo un passo verso un mondo più giusto.

L'ingiustizia, per quanto dolorosa, può anche essere un catalizzatore di cambiamento. Ci costringe a confrontarci con ciò che non funziona, a mettere in discussione ciò che diamo per scontato, a lottare per un sistema migliore. E forse, alla fine, è proprio questa la sua lezione più importante: che anche nelle situazioni più ingiuste, abbiamo il potere di scegliere come rispondere, di trasformare il dolore in azione, e l'indignazione in speranza.

Parte 2: Le Maschere e la Trasformazione

L'essere umano, nel suo tentativo di sopravvivere al dolore e proteggersi dalle ferite, crea delle maschere. Non sono semplici comportamenti o abitudini, ma veri e propri modelli di difesa, strutture che ci aiutano a nascondere le nostre vulnerabilità e a presentare al mondo una versione di noi stessi che riteniamo più accettabile, più forte, più adatta. Eppure, queste maschere, che nascono come strumenti di sopravvivenza, finiscono spesso per diventare una prigione, separandoci dalla nostra essenza più autentica.

Ogni ferita emotiva porta con sé una maschera specifica, una modalità con cui ci presentiamo al mondo per evitare di riaprire quelle cicatrici. Chi teme il rifiuto potrebbe indossare la maschera del fuggitivo, chi soffre per l'abbandono quella del dipendente. L'umiliazione genera la maschera del masochista, il tradimento quella del controllore, e l'ingiustizia quella del rigido. Ogni maschera racconta una storia, non solo di dolore, ma anche di resistenza, di adattamento, di un inconscio che lotta per trovare un equilibrio.

Ma queste maschere, per quanto necessarie in un certo momento della nostra vita, finiscono per limitarci. Nel tentativo di proteggerci, ci separano dagli altri e, soprattutto, da noi stessi. Diventiamo prigionieri delle nostre difese, incapaci di riconoscere le nostre emozioni più autentiche, le nostre aspirazioni, la nostra vera essenza.

La trasformazione, tuttavia, è possibile. Non si tratta di eliminare le maschere, né di negarne l'esistenza, ma di comprenderle, accettarle e imparare a usarle in modo consapevole. In questa seconda parte del libro, esploreremo il significato di ogni maschera, il suo legame con le ferite che portiamo dentro di noi, e il modo in cui influenza le nostre relazioni, le nostre scelte, la nostra vita.

Scopriremo come ogni maschera nasconde un bisogno profondo, un desiderio inespresso di essere visti, accettati, amati. E capiremo come il primo passo verso la trasformazione non sia negare la maschera, ma accoglierla, ascoltarla, e riconoscerla come parte di noi. Solo allora potremo iniziare un viaggio verso la nostra autenticità, verso una vita in cui non siamo più schiavi delle nostre difese, ma padroni delle nostre emozioni.

Il prossimo capitolo di questa parte del libro sarà dedicato a ogni maschera specifica, esplorandone l'origine, il funzionamento, e il modo in cui si manifesta nella vita quotidiana. Attraverso esempi concreti, riflessioni profonde e strumenti pratici, impareremo a navigare il complesso mondo delle maschere, non per distruggerle, ma per integrarle in una visione più completa e consapevole di noi stessi.

Questa parte non è solo un'esplorazione teorica, ma un invito alla pratica. Ogni lettore sarà guidato in un viaggio personale, con strumenti per riconoscere le proprie maschere, comprendere il loro significato e iniziare a trasformarle. È un processo che richiede tempo, pazienza e, soprattutto, coraggio. Ma è anche un processo che ci conduce verso una libertà interiore che non è mai stata persa, ma solo nascosta.

Capitolo 7: Le Maschere che Indossiamo

Le maschere che indossiamo sono come strati di pelle aggiuntivi, che proteggono le ferite sottostanti e, allo stesso tempo, ci separano dal mondo. Sono costruzioni che nascono dalla necessità, spesso inconsapevole, di sopravvivere al dolore, di gestire il peso delle emozioni, di adattarsi a un ambiente che percepiamo come minaccioso. Ma, come tutti i meccanismi di difesa, le maschere portano con sé un prezzo: quello della distanza, della rigidità, e, talvolta, della perdita di autenticità.

Immagina un bambino che, fin dalla tenera età, si sente rifiutato dai suoi genitori. Ogni volta che cerca conforto o attenzione, si scontra con uno sguardo assente, con una porta chiusa, con il silenzio. Quel bambino, troppo piccolo per comprendere le complessità degli adulti, non pensa: "Forse mamma e papà hanno i loro problemi." No, per lui il significato è uno solo: "Non sono abbastanza." E così, per proteggersi da quel rifiuto, inizia a costruire una maschera. Diventa il fuggitivo, colui che cerca di sparire, di non farsi notare, di non creare problemi. È una strategia di sopravvivenza, ma anche una prigione, perché quel bambino, ora adulto, continua a portare con sé la convinzione che per essere accettato deve essere invisibile.

Le maschere, dunque, non sono solo comportamenti appresi: sono risposte emotive profonde, radicate nella nostra storia personale. Ogni ferita crea una maschera, e ogni maschera ha il compito di proteggerci dalla possibilità di provare di nuovo quel dolore. Chi ha vissuto il tradimento si aggrappa al controllo, cercando di prevenire ogni possibile delusione. Chi ha subito l'umiliazione si nasconde dietro la maschera del masochista, accettando situazioni dolorose pur di evitare di affrontare il proprio valore. Ogni maschera racconta una storia, non solo di dolore, ma anche di resistenza, di adattamento.

Mi viene in mente la storia di Giulia, una donna che incontrai anni fa. Giulia aveva vissuto gran parte della sua vita indossando la maschera del rigido. Cresciuta in una famiglia in cui l'ingiustizia era la norma – con un padre severo e un fratello maggiore che veniva sempre favorito – aveva imparato presto a nascondere le sue emozioni. "Se piango, mio padre mi dice che sono debole. Se mi arrabbio, mi punisce. Così ho imparato a non sentire," mi disse un giorno. Giulia era diventata impeccabile in tutto ciò che faceva: nel lavoro, nelle relazioni, persino nel modo in cui si vestiva. Ma dietro quella perfezione si nascondeva una rigidità che le impediva di vivere appieno, di lasciarsi andare, di essere davvero sé stessa.

Quello che trovo affascinante delle maschere è che non nascono mai dal nulla. Sono costruite pezzo per pezzo, come un puzzle, attraverso le esperienze che viviamo. Ogni volta che incontriamo un rifiuto, un abbandono, un'umiliazione, un tradimento o un'ingiustizia, aggiungiamo un nuovo strato. E, col tempo, quelle maschere diventano così parte di noi che dimentichiamo di indossarle. Diventano automatiche, un riflesso condizionato che ci accompagna in ogni interazione.

Eppure, nonostante tutto, le maschere non sono il nemico. Sono una parte di noi, una parte che ha cercato di proteggerci quando non avevamo altre risorse. Non possiamo odiarle, né possiamo eliminarle con un semplice atto di volontà. Possiamo solo imparare a riconoscerle, a comprenderle, a dialogare con loro. È qui che inizia il processo di trasformazione: nel momento in cui smettiamo di vedere le maschere come un ostacolo e iniziamo a considerarle come un ponte, un passaggio verso una maggiore consapevolezza.

Una delle cose più difficili nel lavoro con le maschere è accettare la loro esistenza senza giudizio. Quando ci rendiamo conto di indossare una maschera, la nostra prima reazione è spesso quella di criticarci, di sentirci falsi, sbagliati. "Perché non riesco a essere me stesso?" ci chiediamo. Ma questa domanda parte da un presupposto errato: che ci sia una divisione netta tra chi siamo e la maschera che indossiamo. In realtà, la maschera non è altro che una parte di noi, una parte che ha cercato di proteggerci nel momento del bisogno.

Le discipline analogiche ci offrono una prospettiva interessante su questo punto. Secondo questi approcci, le maschere non sono solo difese: sono segnali, messaggi che il nostro inconscio invia per indicarci dove si trovano i nostri punti di turbamento. Quando indossiamo la maschera del dipendente, ad esempio, non stiamo solo cercando di evitare l'abbandono: stiamo comunicando un bisogno profondo di connessione, di sicurezza, di amore. Ogni maschera, in questo senso, è un'opportunità per esplorare le nostre ferite e i nostri desideri più autentici.

C'è una bellezza nascosta in questo processo. Quando iniziamo a vedere le maschere non come nemici, ma come alleati, qualcosa dentro di noi cambia. Iniziamo a capire che non dobbiamo liberarci di loro per essere autentici. Dobbiamo solo imparare a usarle in modo consapevole, a scegliere quando e come indossarle. È come imparare a suonare uno strumento: all'inizio siamo impacciati, ma col tempo impariamo a modulare il suono, a creare armonia.

Penso spesso a quanta libertà possiamo trovare in questo processo. Liberarsi dal peso delle maschere non significa abbandonarle, ma integrarle, trasformarle in strumenti al nostro servizio. È un viaggio che richiede tempo, pazienza e, soprattutto, compassione verso noi stessi. Ma è un viaggio che ci porta a scoprire una versione di noi stessi più autentica, più completa, più libera.

E forse, alla fine, è proprio questo il significato delle maschere: non sono un ostacolo alla nostra autenticità, ma una via per raggiungerla. Non sono ciò che ci nasconde, ma ciò che ci guida verso una comprensione più profonda di chi siamo.

Le maschere che indossiamo raccontano la nostra storia in modi che spesso non comprendiamo appieno. Non sono solo un riflesso di chi siamo, ma una risposta alle esperienze che ci hanno segnato, una protezione contro le ferite che ci portiamo dentro. E tra tutte le maschere, cinque spiccano per la loro intensità, complessità e influenza: il Fuggitivo, il Dipendente, il Masochista, il Controllore e il Rigido. Ciascuna è nata per difenderci, per aiutarci a navigare nel dolore, ma ciascuna, a modo suo, ci limita, ci intrappola in un ruolo che finisce per definirci più di quanto vorremmo.

Il Fuggitivo: il desiderio di sparire

Il Fuggitivo è colui che si muove nell'ombra, che cerca di essere il più piccolo possibile per evitare di essere visto. Questa maschera nasce dalla ferita del rifiuto, un dolore che ci insegna che non siamo abbastanza, che il nostro semplice esistere è un problema. Il Fuggitivo non cerca di farsi notare: al contrario, vuole diventare invisibile. Si nasconde nei silenzi, si rifugia nella solitudine, evitando ogni situazione che potrebbe portare al confronto o al giudizio.

Immagina un bambino che, ogni volta che alza la mano per rispondere a una domanda, viene ignorato o corretto aspramente. Impara presto che è meglio non rischiare, meglio non esistere troppo. Da adulto, il Fuggitivo si manifesta come una persona che evita ogni tipo di esposizione, che si sottrae alle responsabilità e ai legami profondi per paura di essere rifiutata ancora. Ma dietro questa maschera c'è una sete profonda di riconoscimento, un desiderio inespresso di essere accettato per quello che è, senza dover lottare per dimostrare il proprio valore.

Il Dipendente: l'eterno cercatore di connessione

Se il Fuggitivo si nasconde per paura del rifiuto, il Dipendente si aggrappa agli altri con tutte le sue forze, temendo più di ogni altra cosa l'abbandono. Questa maschera nasce dalla ferita dell'abbandono, una ferita che ci fa sentire soli e inadeguati, incapaci di sopravvivere senza il supporto di qualcuno. Il Dipendente cerca continuamente conferme, attenzioni, rassicurazioni. Vive nella paura che chi ama lo lasci, e spesso accetta situazioni che lo feriscono pur di non perdere la relazione.

Penso a una donna che una volta mi disse: "Preferisco stare in una relazione che mi fa male piuttosto che essere sola." Questa è la voce del Dipendente, una voce che ci spinge a mettere i bisogni degli altri sopra i nostri, che ci fa credere che il nostro valore dipenda dall'amore che riceviamo. Eppure, dietro questa maschera, c'è un bisogno profondo di imparare a stare soli, di trovare forza nella propria compagnia, di scoprire che l'autonomia non è isolamento, ma libertà.

Il Masochista: l'accettazione del dolore come rifugio

Il Masochista è forse la maschera più complessa, quella che sembra abbracciare il dolore invece di fuggirlo. Nasce dalla ferita dell'umiliazione, un'esperienza che ci fa sentire sporchi, inadeguati, non meritevoli di rispetto. Chi indossa questa maschera spesso si sminuisce, si colpevolizza, accetta situazioni dolorose come se fosse l'unico modo per espiare una colpa che non ha mai commesso.

Il Masochista è colui che si sacrifica costantemente, che mette i bisogni degli altri davanti ai propri, anche a costo di soffrire. È la madre che rinuncia a tutto per i suoi figli, l'amico che dice sempre di sì anche quando non può, il partner che accetta umiliazioni pur di mantenere la pace. Ma dietro questa maschera c'è un desiderio di dignità, un bisogno di sentirsi rispettati, di imparare a dire "basta" e a reclamare il proprio spazio.

Il Controllore: il guardiano della fiducia

La maschera del Controllore nasce dalla ferita del tradimento, una ferita che ci insegna che non possiamo fidarci degli altri, che dobbiamo fare tutto da soli per evitare di essere delusi. Il Controllore è colui che tiene tutto sotto controllo, che non delega, che pianifica ogni dettaglio per evitare sorprese. Vive in uno stato di allerta costante, sempre pronto a prevenire il prossimo tradimento.

Immagina un uomo che, dopo essere stato tradito da un amico, decide di non fidarsi mai più. Diventa il Controllore, il guardiano del proprio mondo, ma anche un prigioniero della sua stessa maschera. Perché, se è vero che il controllo può proteggerci, è altrettanto vero che ci isola, ci impedisce di costruire relazioni autentiche. Eppure, dietro questa maschera, c'è un desiderio di fiducia, un bisogno di imparare a lasciarsi andare, a credere che non tutti ci deluderanno.

Il Rigido: la ricerca della perfezione

Infine, c'è il Rigido, la maschera che nasce dalla ferita dell'ingiustizia. Chi indossa questa maschera si sforza costantemente di essere perfetto, impeccabile, per dimostrare al mondo che merita rispetto. Il Rigido vive secondo regole precise, cerca di controllare le proprie emozioni, di mantenere un'immagine di sé che non lasci spazio a critiche.

Penso a un uomo che una volta mi disse: "Se mostro debolezza, mi distruggeranno." Questa è la voce del Rigido, una voce che spinge a reprimere ogni vulnerabilità, a vivere secondo standard impossibili. Ma dietro questa maschera c'è un bisogno profondo di autenticità, un desiderio di essere visto e accettato per ciò che è, non per ciò che fa.

Queste maschere, per quanto diverse, hanno tutte un punto in comune: nascono per proteggerci, ma finiscono per limitarci. Riconoscerle non significa rifiutarle, ma iniziare un dialogo con noi stessi, un processo di trasformazione che ci permette di integrare il passato senza esserne schiavi. Solo allora possiamo iniziare a vivere non più come prigionieri delle nostre maschere, ma come esseri autentici e completi.

Le maschere che indossiamo sono, al tempo stesso, la nostra armatura e il nostro fardello. Sono costruite con materiali antichi, intrecciati dalle esperienze che ci hanno ferito e dalle emozioni che abbiamo cercato di tenere lontane. Quando il mondo ci ha mostrato il suo lato più crudele, abbiamo risposto con creatività, con resilienza, costruendo queste difese che ci hanno permesso di andare avanti, di sopravvivere. Ma in quello stesso processo, abbiamo eretto muri che ci separano non solo dal dolore, ma anche da tutto ciò che ci rende autentici.

Le maschere, per quanto invisibili, sono incredibilmente reali. Hanno una funzione chiara: proteggere ciò che è fragile, nascondere ciò che temiamo venga ferito di nuovo. E in questo, non c'è nulla di sbagliato. Anzi, c'è qualcosa di profondamente umano nella nostra capacità di creare strategie per affrontare il mondo. È un atto di ingegnosità emotiva, una testimonianza della nostra capacità di adattamento. Eppure, come tutte le difese, le maschere portano con sé un costo. Nel tentativo di proteggerci, ci limitano, ci tengono intrappolati in ruoli che non ci appartengono del tutto, che raccontano solo una parte della nostra storia.

Immagina un bambino che, crescendo in un ambiente dove il rifiuto era la norma, ha imparato a fuggire. La sua maschera del Fuggitivo lo ha salvato da situazioni che sentiva insopportabili. Quando nessuno lo ascoltava, quando si sentiva un peso, la fuga diventava il suo rifugio. Era il modo in cui proteggeva il suo cuore, il suo spirito. Ma ora, da adulto, quella stessa maschera lo tiene lontano dalle relazioni autentiche. Ogni volta che qualcuno si avvicina troppo, ogni volta che il rischio di essere vulnerabile diventa tangibile, il Fuggitivo emerge, impedendogli di vivere appieno.

Le maschere non sono nate per farci del male. Sono state create in un momento di bisogno, quando non avevamo altre risorse per affrontare il dolore. Sono come ombre di noi stessi, proiezioni che ci aiutano a navigare situazioni difficili. Ma, col tempo, diventano più che semplici difese: diventano abitudini, automatismi, identità. Ci dimentichiamo che sono maschere e iniziamo a crederci prigionieri di ciò che abbiamo creato.

Un altro esempio è quello del Controllore, la maschera che nasce dalla ferita del tradimento. Per chi ha vissuto l'esperienza devastante di vedere la fiducia tradita, il controllo diventa una necessità. È una forma di protezione: se posso prevedere ogni mossa, se posso anticipare ogni rischio, allora nessuno potrà ferirmi di nuovo. E in questo, c'è una logica. Ma cosa succede quando il Controllore prende il sopravvento? Quando il bisogno di controllo diventa così grande da soffocare ogni spontaneità, da impedire ogni connessione autentica? In quel momento, la maschera, che un tempo ci proteggeva, diventa una barriera.

Penso spesso a come queste maschere influenzino le nostre relazioni. Proteggendoci dal dolore, ci impediscono anche di entrare in contatto profondo con gli altri. È un paradosso crudele: più cerchiamo di difenderci, più ci isoliamo. Il Dipendente, ad esempio, cerca costantemente conferme, attenzioni, amore. La sua maschera lo aiuta a evitare il dolore dell'abbandono, ma lo spinge anche a dipendere dagli altri in modo eccessivo, a perdere la propria autonomia. È come se, nel tentativo di essere amato, il Dipendente si dimenticasse di amare sé stesso.

Le maschere ci proteggono, ma lo fanno a caro prezzo. Nel tentativo di nascondere le nostre vulnerabilità, nascondono anche le nostre potenzialità, i nostri desideri, la nostra autenticità. Ogni volta che indossiamo una maschera, stiamo rinunciando a una parte di noi, sacrificando qualcosa per sentirci al sicuro. E questo, sebbene comprensibile, ci tiene intrappolati in un ciclo che diventa sempre più difficile da spezzare.

C'è qualcosa di straordinariamente umano in questo processo. Le maschere non sono un errore, né un fallimento. Sono il risultato della nostra lotta per sopravvivere in un mondo che, a volte, sembra troppo duro da affrontare. Ma la vera sfida è imparare a riconoscerle, a comprenderle, a dialogare con loro. Non possiamo semplicemente gettarle via: fanno parte di noi, della nostra storia. Ma possiamo scegliere di non lasciare che ci definiscano.

La trasformazione inizia nel momento in cui smettiamo di combattere contro le maschere e iniziamo a vederle per ciò che sono: strumenti, non prigioni. È un processo che richiede coraggio, perché significa affrontare le ferite che abbiamo cercato di nascondere. Ma è anche un processo liberatorio, perché ci permette di integrare quelle ferite, di riconoscere che, nonostante il dolore, siamo completi, interi, degni.

Mi piace pensare alle maschere come a vecchi amici. Sono state con noi nei momenti più difficili, ci hanno aiutato quando non sapevamo come fare. E ora, possiamo ringraziarle, possiamo riconoscere il loro ruolo, ma anche scegliere di non averne più bisogno. È un equilibrio delicato, un dialogo continuo tra ciò che siamo stati e ciò che vogliamo diventare.

Forse, alla fine, il vero insegnamento delle maschere è che la protezione non è il fine ultimo. È solo un passaggio, un momento di transizione. La vera forza non sta nell'evitare il dolore, ma nell'imparare a viverlo, ad affrontarlo, a trasformarlo. E in questo processo, le maschere possono diventare alleate, non nemiche. Non dobbiamo distruggerle, ma integrarle, trasformarle da barriere a ponti, da difese a strumenti di consapevolezza.

E quando finalmente riusciamo a farlo, scopriamo una libertà che non avremmo mai immaginato. Scopriamo che non siamo le nostre maschere, ma molto di più. Siamo l'insieme delle nostre esperienze, delle nostre ferite, dei nostri desideri. E siamo, soprattutto, capaci di vivere una vita autentica, nonostante tutto.

Le maschere che indossiamo non sono semplicemente

comportamenti acquisiti o atteggiamenti momentanei: sono vere e proprie sovrastrutture della personalità. Sono come strati aggiunti alla nostra identità, creati per rispondere a un mondo che, in qualche modo, ci ha feriti o delusi. Nella loro essenza, le maschere sono adattamenti. Nascono per proteggerci, per aiutarci a gestire emozioni che ci sembrano insostenibili, ma, nel farlo, si sovrappongono a chi siamo veramente, creando un'immagine che finisce per confondere anche noi stessi.

La connessione analogica ci offre una prospettiva unica su questo fenomeno. Le discipline analogiche insegnano che ogni ferita emotiva genera un punto di tensione tra ciò che siamo e ciò che vorremmo essere. Questo divario, chiamato "punto distonico," è il terreno su cui le maschere si costruiscono. Sono il ponte, o forse sarebbe meglio dire l'illusione di un ponte, che cerchiamo di erigere per colmare quella distanza. Ma anziché condurci verso l'autenticità, spesso ci tengono bloccati in un ruolo che non ci appartiene del tutto.

Immagina una persona che, da bambina, si è sentita rifiutata. Ogni tentativo di esprimere sé stessa veniva accolto con critiche, disinteresse o, peggio, con il silenzio. Per sopravvivere a quel dolore, questa persona ha imparato a indossare la maschera del Fuggitivo, a nascondersi dietro un muro di discrezione e silenzio. Nella sua mente, quella maschera era una protezione: se nessuno mi vede, nessuno può ferirmi. Ma col tempo, la maschera è diventata più di un comportamento: è diventata una parte integrante della sua personalità, un sovrastrato che si sovrappone al suo vero io, al suo bisogno di connessione.

Questa dinamica non è limitata al Fuggitivo. Ogni maschera che indossiamo – il Dipendente, il Masochista, il Controllore, il Rigido – nasce come una risposta a un turbamento emotivo, a una ferita che non siamo stati in grado di affrontare direttamente. Ogni maschera rappresenta una soluzione, almeno temporanea, al dolore che ci portiamo dentro. Ma è una soluzione che richiede un compromesso: per proteggerci, dobbiamo sacrificare una parte di noi stessi.

Le discipline analogiche ci aiutano a comprendere come queste maschere influenzino non solo il nostro comportamento, ma anche il nostro modo di percepire il mondo. Quando indossiamo una maschera, non stiamo solo cercando di nascondere una parte di noi stessi: stiamo anche filtrando la realtà attraverso le lenti di quella maschera. Il Dipendente, ad esempio, vede ogni relazione come una potenziale fonte di supporto o abbandono. Il Controllore, invece, percepisce ogni situazione come una minaccia alla sua autonomia o alla sua fiducia. Questi filtri non sono consapevoli: operano a un livello profondo, influenzando le nostre scelte, le nostre relazioni, la nostra stessa visione del mondo.

Ma cosa significa vivere con una maschera come sovrastruttura della personalità? Significa, innanzitutto, portare un peso costante, un peso che spesso non riconosciamo nemmeno. La maschera diventa una seconda pelle, qualcosa che indossiamo così a lungo da dimenticare che non è parte di noi. Ma quel peso si fa sentire, nei momenti di stanchezza, di crisi, di introspezione. È il senso di disconnessione che proviamo quando ci guardiamo allo specchio e non riconosciamo completamente chi siamo. È la sensazione di vuoto che ci assale quando, nonostante tutti i nostri sforzi, non riusciamo a sentirci davvero soddisfatti.

Eppure, le maschere non sono nemiche da combattere. Sono, piuttosto, segnali. Ogni maschera che indossiamo ci dice qualcosa di noi, di ciò che temiamo, di ciò che desideriamo. Il Fuggitivo ci parla del nostro bisogno di sicurezza. Il Dipendente ci ricorda il nostro desiderio di connessione. Il Masochista ci svela il nostro anelito di dignità. Il Controllore ci mostra la nostra sete di fiducia. E il Rigido ci insegna quanto aneliamo all'equità, non solo dagli altri, ma anche da noi stessi.

Il percorso di trasformazione non è un processo di rifiuto o eliminazione delle maschere. È un processo di integrazione. Non possiamo semplicemente gettarle via, perché fanno parte della nostra storia, della nostra evoluzione. Ma possiamo imparare a riconoscerle, a comprenderle, a usarle in modo consapevole. Possiamo scegliere di non lasciare che siano loro a guidarci, ma di prenderne il controllo, di usarle come strumenti per navigare il mondo senza perdere di vista chi siamo realmente.

C'è un'analogia che trovo particolarmente utile: le maschere sono come le mappe. Una mappa non è la realtà, ma una rappresentazione di essa, uno strumento per orientarsi in un territorio sconosciuto. Allo stesso modo, le maschere non sono chi siamo, ma un modo per affrontare situazioni che percepiamo come difficili o minacciose. Ma proprio come una mappa, le maschere possono essere limitate. Possono mostrarci solo una parte del territorio, lasciando fuori tutto il resto. E se ci affidiamo troppo a loro, rischiamo di perdere la capacità di vedere il mondo nella sua interezza.

La connessione analogica ci invita a guardare oltre la maschera, a esplorare il terreno che essa cerca di nascondere. Questo non significa negare la sua utilità, ma riconoscere i limiti che impone. Significa affrontare il dolore che ci ha portati a indossarla, accettare le vulnerabilità che abbiamo cercato di nascondere, e, infine, abbracciare la complessità di chi siamo.

Forse la lezione più importante che possiamo imparare dalle maschere è questa: non siamo mai solo il nostro dolore, né solo le nostre difese. Siamo molto di più. Siamo l'insieme delle nostre esperienze, delle nostre emozioni, delle nostre aspirazioni. E, se siamo disposti a guardare oltre le maschere, a vedere ciò che si nasconde sotto, possiamo scoprire una profondità che non avremmo mai immaginato. È un viaggio difficile, certo, ma è anche un viaggio verso la libertà, verso una vita che non è più definita dalle ferite del passato, ma dalla possibilità di un futuro autentico.

Le maschere che indossiamo sono come ombre che ci seguono ovunque andiamo, discrete ma onnipresenti. Ci proteggono, ci aiutano a navigare le acque agitate della vita, ma spesso ci separano da ciò che siamo davvero. Superare le maschere non significa respingerle con forza, né negare il loro ruolo nel nostro percorso. Significa riconoscerle, comprenderle e, infine, integrarle in modo consapevole per accedere alla nostra autenticità. È un viaggio che richiede coraggio, curiosità e, soprattutto, una profonda compassione verso sé stessi.

La prima strategia per superare le maschere è **riconoscerle per ciò che sono**. Questo sembra semplice, ma non lo è. Spesso, le maschere sono così radicate nella nostra personalità che non riusciamo a distinguerle da chi pensiamo di essere. Sono abitudini emotive, modi di rispondere che adottiamo senza pensarci. Riconoscerle significa fermarsi, osservare, e porci domande che raramente osiamo fare: "Perché reagisco in questo modo? Cosa sto cercando di evitare? Quale parte di me sto cercando di proteggere?" È un processo che richiede attenzione e onestà, ma anche delicatezza. Non possiamo affrontare le maschere con giudizio, perché sono nate per aiutarci, non per sabotarci.

Immagina un uomo che, ogni volta che si sente escluso, reagisce cercando di farsi notare. È il Dipendente che parla, il bisogno di approvazione che si manifesta. Ma dietro quella maschera c'è una storia, un momento in cui quel comportamento ha avuto senso, ha funzionato. Riconoscere la maschera significa vedere quella storia, capire perché è nata, e accettare che, per quanto utile possa essere stata, ora potrebbe non esserlo più.

Una volta riconosciuta la maschera, il passo successivo è **ascoltarla**. Questo può sembrare controintuitivo: se il nostro obiettivo è superarla, perché dovremmo darle attenzione? Ma le maschere non sono nemici da sconfiggere. Sono messaggeri, portatori di informazioni preziose sulle nostre ferite e sui nostri bisogni. Quando ascoltiamo la maschera, quando ci permettiamo di dialogare con essa, iniziamo a vedere ciò che nasconde. Scopriamo che sotto il controllo del Controllore c'è il desiderio di fiducia. Sotto il sacrificio del Masochista c'è il bisogno di dignità. Sotto il rigore del Rigido c'è il sogno di libertà.

Un modo per ascoltare la maschera è attraverso la scrittura. Prendi un foglio e scrivi: "Se questa maschera potesse parlare, cosa direbbe?" Lascia che le parole fluiscano, senza giudizio, senza censure. Potresti scoprire una voce che non hai mai sentito prima, una parte di te che ha bisogno di essere ascoltata. È un esercizio potente, perché ci permette di trasformare la maschera da un'entità che ci limita a un'alleata che ci guida verso la comprensione.

Ma ascoltare non basta. Per superare le maschere, dobbiamo anche imparare a **sperimentare oltre di esse**. Questo significa uscire dalla nostra zona di comfort, provare modi di essere che ci sembrano strani o scomodi. Per il Fuggitivo, potrebbe significare partecipare a una conversazione anche quando vorrebbe nascondersi. Per il Controllore, potrebbe significare lasciare che qualcun altro prenda una decisione. Questi esperimenti non sono facili, e non sempre hanno successo al primo tentativo. Ma ogni volta che scegliamo di agire in modo diverso, stiamo facendo un passo verso la nostra autenticità.

Un esempio che ricordo bene è quello di una donna che si era sempre identificata con la maschera del Rigido. Per lei, la perfezione era una necessità, un modo per sentirsi accettata. Ma un giorno, durante un workshop, decise di lasciarsi andare. Scelse di dipingere, anche se non era brava, anche se temeva il giudizio degli altri. Ricordo come mi disse: "Non avevo idea di quanto fosse liberatorio fare qualcosa solo per il piacere di farlo." Quell'esperienza non cancellò la sua maschera, ma le mostrò che c'era un mondo oltre essa, un mondo in cui poteva essere più di ciò che credeva di dover essere.

La strategia più importante, però, è **accettare le maschere come parte di noi**. Questo non significa arrendersi a loro, ma smettere di combatterle. Le maschere non sono nemici da abbattere, ma compagne di viaggio che possiamo scegliere di portare con noi, senza lasciare che ci guidino. Accettare le maschere significa riconoscere che fanno parte della nostra storia, che ci hanno aiutato a sopravvivere, e che ora possiamo ringraziarle e andare avanti.

Le discipline analogiche ci offrono una prospettiva unica su questo processo. Secondo questi approcci, le maschere sono un riflesso dei nostri turbamenti emotivi, un modo per navigare il divario tra ciò che siamo e ciò che vorremmo essere. Superare le maschere, dunque, non è un atto di forza, ma un atto di integrazione. Significa accogliere le parti di noi che abbiamo cercato di nascondere, abbracciare le nostre vulnerabilità, e usarle come trampolini per scoprire chi siamo realmente.

E, infine, c'è la libertà. La libertà di essere noi stessi, nonostante le ferite, nonostante le maschere. La libertà di scegliere come vogliamo vivere, senza lasciare che il passato detti ogni nostra mossa. Questa libertà non è un traguardo, ma un processo, un viaggio che richiede tempo, pazienza e coraggio. Ma è un viaggio che vale la pena intraprendere, perché ci conduce verso la versione più autentica di noi stessi.

Quando impariamo a riconoscere e superare le maschere, scopriamo che non siamo mai stati prigionieri. Le catene erano solo un'illusione, e la chiave è sempre stata nelle nostre mani. Siamo sempre stati liberi, solo che non lo sapevamo ancora.

Capitolo 8: Il Linguaggio Segreto delle Ferite

C'è un linguaggio che non impariamo sui banchi di scuola, un linguaggio che non viene insegnato nei libri di grammatica o nei corsi di comunicazione. È il linguaggio segreto delle ferite emotive, un codice silenzioso che si manifesta nei nostri toni di voce, nelle nostre parole, nei nostri silenzi. È un linguaggio che parliamo senza accorgercene, che emerge dalle nostre cicatrici interiori e si intreccia con ogni interazione, ogni relazione. È il linguaggio di chi siamo stati, di ciò che abbiamo vissuto, di ciò che ci ha segnato.

Le ferite emotive non sono solo esperienze del passato: vivono nel presente, nei modi sottili e spesso inconsapevoli in cui ci relazioniamo agli altri. Quando parliamo, non comunichiamo solo con le parole, ma anche con ciò che si nasconde dietro di esse. Ogni ferita ha il suo lessico, il suo tono, le sue sfumature. Chi teme il rifiuto potrebbe usare frasi brevi, quasi smorzate, come se cercasse di non occupare troppo spazio. Chi ha vissuto l'abbandono tende a parlare in cerca di conferme, riempiendo ogni silenzio con una domanda implicita: "Rimarrai con me?" Il tradimento si esprime spesso in un linguaggio carico di sospetto, mentre l'ingiustizia può portare a toni freddi, distanti, quasi accusatori.

Mi viene in mente una conversazione avuta con un uomo che, pur essendo gentile e accogliente, sembrava parlare sempre con una leggera esitazione. Ogni frase terminava con un punto interrogativo implicito, come se chiedesse costantemente: "Va bene così? Sto dicendo la cosa giusta?" Dopo un po', divenne chiaro che portava dentro di sé la ferita del rifiuto. Quel suo modo di parlare non era solo un'abitudine, ma un riflesso di una storia emotiva che lo aveva portato a cercare approvazione in ogni interazione.

Quello che trovo affascinante del linguaggio delle ferite è che non si limita alle parole. È presente nei silenzi, nei gesti, negli sguardi. È nel modo in cui evitiamo di guardare negli occhi qualcuno quando ci sentiamo vulnerabili. È nel tono leggermente più alto che usiamo quando siamo ansiosi, nel modo in cui ci sediamo, nelle pause che facciamo prima di rispondere. È un linguaggio che permea ogni aspetto della comunicazione, spesso senza che ce ne rendiamo conto.

Le discipline analogiche offrono una lente unica per decodificare questo linguaggio. Secondo questi approcci, ogni ferita genera un "turbamento" che si riflette nel modo in cui ci esprimiamo. Questo turbamento non è sempre lineare o logico: è emotivo, profondo, e si manifesta in modi che spesso sfuggono alla nostra consapevolezza. Il linguaggio delle ferite è il tentativo del nostro inconscio di proteggersi, di comunicare un bisogno, di cercare un equilibrio. Ma è anche, paradossalmente, il modo in cui perpetuiamo i cicli di dolore, ricreando inconsciamente le stesse dinamiche che ci hanno feriti.

Immagina una persona con la ferita del tradimento. Ogni volta che entra in una relazione, porta con sé quel bagaglio emotivo. Non lo fa intenzionalmente, ma il suo linguaggio riflette il dolore passato: domande apparentemente innocue che celano sospetti, richieste di rassicurazioni che sembrano non finire mai, silenzi che si caricano di tensione. Questo linguaggio, se non riconosciuto, finisce per creare esattamente ciò che teme: il distacco, la distanza, il rischio di un nuovo tradimento.

Un altro esempio è quello del Masochista, la maschera associata alla ferita dell'umiliazione. Il suo linguaggio è spesso fatto di autosacrificio, di frasi che minimizzano il proprio valore: "Non preoccuparti, posso occuparmene io." "Non importa, davvero, posso fare a meno." Ma dietro queste parole si nasconde un grido inespresso, un desiderio di riconoscimento, di rispetto, di dignità.

E poi c'è il Rigido, il cui linguaggio è spesso freddo, distaccato, quasi impeccabile. Ogni parola è calibrata, ogni frase è un tentativo di mantenere il controllo. Ma quel controllo non è altro che una difesa contro il caos dell'ingiustizia percepita. Ogni volta che il Rigido parla, il suo linguaggio riflette non solo il desiderio di equità, ma anche la paura di mostrarsi vulnerabile, di lasciare che qualcuno veda ciò che si nasconde dietro la perfezione.

Il linguaggio segreto delle ferite non è facile da decifrare, perché opera su più livelli. È come una melodia suonata da uno strumento che non vediamo, una musica che possiamo solo intuire. Ma una volta che impariamo a riconoscerlo, possiamo iniziare a comprenderlo, a rispondere non solo alle parole che sentiamo, ma anche al dolore che esse celano.

Uno degli aspetti più potenti di questo linguaggio è il suo potenziale trasformativo. Quando iniziamo a riconoscere le ferite dietro le parole, qualcosa cambia. Le conversazioni diventano più autentiche, le relazioni più profonde. Invece di reagire automaticamente, iniziamo a rispondere con consapevolezza, con empatia. Invece di vedere un attacco, vediamo una difesa. Invece di sentire un'accusa, sentiamo una richiesta di aiuto.

C'è un momento in ogni relazione in cui ci rendiamo conto che l'altro non sta solo parlando: sta cercando di comunicare qualcosa di più profondo. È in quel momento che il linguaggio delle ferite diventa visibile, palpabile. È in quel momento che possiamo scegliere di andare oltre le parole, di vedere ciò che si nasconde dietro la maschera, di rispondere non solo con le nostre parole, ma con la nostra presenza, il nostro ascolto, la nostra empatia.

Ma questo non significa che dobbiamo diventare esperti di psicologia o decodificatori di emozioni. Significa semplicemente che dobbiamo essere presenti, curiosi, disposti a vedere l'altro non come un insieme di parole, ma come una storia, una complessità, un essere umano. È in questa presenza che il linguaggio segreto delle ferite trova il suo significato, la sua possibilità di trasformazione.

E forse, alla fine, il vero insegnamento di questo linguaggio è che non siamo soli. Ogni ferita parla, ogni parola è un ponte, un invito a connettersi, a capire, a guarire. È un linguaggio che ci ricorda che, nonostante tutto, siamo ancora capaci di comunicare, di condividere, di amare.

La riunione mancata (Il linguaggio del Rifiuto)

Luca entra nella sala riunioni con qualche minuto di ritardo. Gli occhi sfuggono ai volti dei colleghi mentre si siede in un angolo, cercando di non disturbare. "Scusate il ritardo," mormora a bassa voce, appena udibile. Nessuno sembra reagire, forse perché il capo ha già iniziato a parlare, ma per Luca è una conferma: è trasparente. Mentre prende appunti, il suo corpo è rigido, come se sperasse di diventare invisibile.

Durante la discussione, Luca ha un'idea brillante, ma la sua mano si ferma a metà strada verso l'alzarsi. Pensa: *E se fosse stupida? Se non interessasse a nessuno?* La sua mente è un vortice di dubbi, il cuore batte più forte. Alla fine, resta in silenzio. Quando qualcun altro propone qualcosa di simile, ricevendo un plauso generale, Luca abbassa lo sguardo. Dentro di sé, una voce sussurra: *Non avevi diritto di parlare. Non avevi niente di importante da dire.*

Il linguaggio del rifiuto non è fatto di parole pronunciate, ma di quelle non dette, di silenzi pieni di significato. È un linguaggio che racconta di una paura radicata: quella di non essere abbastanza, di non meritare spazio o attenzione.

Il messaggio ignorato (Il linguaggio dell'Abbandono)

Silvia guarda il telefono per la terza volta in pochi minuti. Il messaggio inviato al suo compagno, un semplice *"Come va la tua giornata?"*, rimane senza risposta. Un nodo inizia a formarsi nello stomaco. Cerca di razionalizzare: *Sarà occupato. Non può rispondere subito.* Ma il silenzio continua, e con esso crescono i pensieri. La ferita si risveglia, evocando ricordi di quando, da bambina, sua madre lasciava la stanza senza dirle perché o per quanto tempo.

Dopo un'ora, Silvia invia un secondo messaggio, più lungo, più dettagliato, quasi una supplica travestita da conversazione casuale. Quando finalmente riceve una risposta breve, un semplice *"Tutto bene, sono occupato"*, il sollievo è momentaneo. Subito dopo, arriva il dubbio: *Perché così freddo? Sto chiedendo troppo?*

Il linguaggio dell'abbandono è un linguaggio di bisogno, di domande senza fine. Ogni parola è un tentativo di costruire un ponte, di creare una connessione che sembra sempre sull'orlo di rompersi.

La cena impeccabile (Il linguaggio dell'Ingiustizia)

Giulia passa il pomeriggio a preparare la cena. La tavola è apparecchiata con cura maniacale: i piatti perfettamente allineati, i bicchieri lucidi, ogni dettaglio curato. Quando suo marito arriva e si limita a un distratto *"Grazie, amore"*, il suo sorriso si spegne per un attimo. Lui non ha fatto nulla di sbagliato, eppure Giulia sente un'ondata di frustrazione. *Non vede quanto mi sono impegnata? Non capisce che meritavo qualcosa di più?*

Durante la cena, il tono di Giulia è distante, quasi freddo. Ogni volta che il marito parla, lei risponde con commenti laconici, evitando il contatto visivo. Dentro di sé, però, c'è una battaglia. Vorrebbe dire: *Perché non mi apprezzi?* Ma non può, non vuole sembrare vulnerabile. Così si rifugia nel silenzio, creando una distanza che nessuno dei due riesce a colmare.

Il linguaggio dell'ingiustizia è spesso silenzioso, fatto di gesti impeccabili e parole trattenute. Comunica un desiderio di riconoscimento che rimane nascosto sotto una maschera di autocontrollo.

La conversazione interrotta (Il linguaggio del Tradimento)

Marco sta raccontando un aneddoto del lavoro a un gruppo di amici, ma quando uno di loro lo interrompe, il suo sorriso si spegne. Rimane in silenzio per il resto della serata, osservando con attenzione ogni parola, ogni gesto degli altri. Quando uno degli amici fa una battuta innocente che lo riguarda, Marco risponde con un tono più tagliente del solito: *"Almeno io non arrivo sempre in ritardo, come qualcun altro."*

Il resto del gruppo ride, ma dentro Marco c'è solo amarezza. Si sente escluso, non rispettato. Non è l'interruzione in sé a ferirlo, ma ciò che rappresenta: una ripetizione di momenti passati in cui la sua fiducia è stata tradita. Ogni parola che pronuncia ora è carica di sospetto, un modo per proteggersi, per non essere ferito di nuovo.

Il linguaggio del tradimento è un linguaggio di difesa, di parole affilate che cercano di creare distanza. È il modo in cui si alza un muro per evitare un nuovo colpo.

La giornata perfetta (Il linguaggio dell'Umiliazione)

Marta passa la giornata con un'amica, ma ogni volta che questa propone qualcosa – un film da vedere, un ristorante da provare – Marta accetta senza discutere. "Va bene per me," dice con un sorriso forzato, anche quando non lo pensa davvero. Non vuole sembrare difficile, non vuole creare problemi. Quando, alla fine della giornata, l'amica la ringrazia dicendo: *"Sei sempre così accomodante, con te è facile,"* Marta sente una fitta al cuore. Non è un complimento, è un ricordo: quello di tutte le volte in cui, per non essere umiliata, ha messo da parte i suoi desideri.

Il linguaggio dell'umiliazione è fatto di rinunce, di frasi che minimizzano i propri bisogni. È un linguaggio che dice: *Non voglio disturbare. Non voglio essere un peso.* Ma sotto quelle parole c'è un grido di dignità, un bisogno di essere visto per ciò che si è.

Ogni scena ci mostra come il linguaggio delle ferite non sia solo comunicazione, ma una vera e propria espressione del nostro mondo interiore. È un linguaggio che racconta storie non dette, che chiede attenzione, comprensione, connessione. Riconoscerlo significa iniziare a vedere gli altri – e noi stessi – con occhi nuovi, con una profondità che va oltre le parole.

Queste dinamiche non sono inevitabili, ma possono essere trasformate. Non si tratta di eliminare le ferite, ma di imparare a dialogare con loro, di ascoltare ciò che stanno cercando di dirci. Quando riusciamo a farlo, quando impariamo a rispondere a questo linguaggio con empatia e consapevolezza, creiamo la possibilità di relazioni più autentiche, più libere, più umane.

Il linguaggio delle ferite si intreccia con il nostro essere in modi che spesso sfuggono alla nostra consapevolezza. Ogni parola che scegliamo, ogni pausa, ogni sfumatura del nostro tono di voce porta con sé un significato più profondo, un'eco di emozioni che non sempre siamo pronti a riconoscere. È qui che il linguaggio analogico entra in scena, come un sottotesto invisibile che accompagna ogni conversazione, ogni gesto, ogni silenzio. Non è solo ciò che diciamo a comunicare, ma come lo diciamo, e ancora di più ciò che non diciamo. Le ferite che portiamo dentro di noi trovano un modo per manifestarsi, come una melodia suonata da uno strumento dimenticato ma non per questo silenzioso. Ogni ferita ha il suo timbro, il suo ritmo, la sua grammatica nascosta. Chi ha vissuto il rifiuto potrebbe parlare con frasi brevi, quasi smorzate, come se il solo atto di esprimersi fosse già un rischio. Chi ha conosciuto l'abbandono, invece, potrebbe riempire ogni silenzio con domande, richieste, tentativi incessanti di creare una connessione che sembra sempre sfuggire. Non c'è nulla di casuale in questo: il nostro modo di comunicare è plasmato dalle esperienze che ci hanno segnato, dalle emozioni che abbiamo cercato di gestire, dalle maschere che abbiamo imparato a indossare per proteggerci.

Ma c'è di più. Il linguaggio analogico non si limita al contenuto delle nostre parole: vive nei gesti, nelle posture, negli sguardi. È come se il nostro corpo raccontasse una storia che la nostra mente non è ancora pronta a rivelare. Un sorriso forzato può dire molto più di mille parole; un silenzio prolungato può essere più eloquente di qualsiasi discorso. Mi viene in mente una donna che incontrai tempo fa. Parlava con calma, con una voce rassicurante, ma le sue mani tremavano leggermente mentre stringeva una tazza di caffè. Diceva: "Va tutto bene," ma ogni fibra del suo essere trasmetteva il contrario. Il suo linguaggio analogico gridava ciò che le sue parole cercavano di nascondere: paura, insicurezza, il bisogno disperato di essere compresa.

Questo è il potere del linguaggio analogico: rivela ciò che cerchiamo di celare, collega le nostre emozioni profonde al mondo esterno, e lo fa in modo che nemmeno noi possiamo controllare del tutto. Non è un difetto, ma una parte fondamentale di chi siamo. Le discipline analogiche ci insegnano che ogni comunicazione è stratificata: ciò che appare in superficie è solo una frazione di ciò che realmente trasmettiamo. Quando parliamo, non stiamo solo comunicando informazioni: stiamo raccontando chi siamo, cosa abbiamo vissuto, cosa ci portiamo dentro. È un processo tanto naturale quanto complesso, e spesso lo facciamo senza accorgercene. È il nostro inconscio che parla, che cerca di colmare il divario tra ciò che proviamo e ciò che siamo in grado di esprimere.

Pensaci. Quante volte hai sentito una persona dire una cosa, ma percepire il contrario? Quante volte un "Sto bene" suonava vuoto, come se mancasse qualcosa? Non è un problema di sincerità, ma di complessità. Siamo esseri umani, non possiamo ridurre ciò che sentiamo a semplici parole. E allora il linguaggio analogico entra in gioco, completando il quadro, riempiendo i vuoti. È il modo in cui il nostro corpo, la nostra energia, il nostro stesso essere cercano di comunicare ciò che la nostra mente non riesce a dire.

La bellezza di tutto questo è che non è limitato a noi. Anche gli altri parlano il linguaggio analogico, anche gli altri trasmettono messaggi nascosti sotto le loro parole. Quando impariamo a riconoscerlo, iniziamo a vedere le persone in modo diverso. Un tono di voce cambia significato, un gesto diventa una finestra su un mondo interiore che altrimenti rimarrebbe nascosto. È come se avessimo accesso a un livello di comunicazione più profondo, più autentico. E non si tratta solo di comprendere meglio gli altri, ma anche di comprendere meglio noi stessi. Quando ci rendiamo conto che il nostro linguaggio analogico tradisce le nostre emozioni, possiamo iniziare a lavorare su di esse, a riconoscerle, a integrarle.

Questo processo non è facile, ma è liberatorio. Ci permette di andare oltre la superficie, di esplorare le profondità del nostro essere. E forse, alla fine, ci insegna la lezione più importante di tutte: non siamo solo ciò che diciamo, ma anche ciò che sentiamo, ciò che trasmettiamo, ciò che siamo. Il linguaggio analogico non è un limite, ma una possibilità. Una possibilità di connetterci, di comprendere, di essere compresi. È il ponte che collega le nostre ferite alla nostra autenticità, il filo invisibile che ci lega agli altri e a noi stessi.

Il linguaggio analogico è un mistero che opera sotto la superficie, ma non è mai casuale. Ogni movimento, ogni inflessione, ogni pausa porta con sé un messaggio. Non comunica solo ciò che sentiamo, ma come lo sentiamo, quanto profondamente quelle emozioni risiedano dentro di noi. Quando parliamo di linguaggio emotivo, spesso ci concentriamo sulle parole, sull'intenzione dietro di esse. Ma le discipline analogiche ci insegnano che la vera essenza della comunicazione sta in ciò che non è detto, in ciò che è implicito, in ciò che vibra sotto le parole.

Pensa a un semplice saluto. Due persone si incontrano e una dice: "Ciao, come stai?" Le parole sono neutrali, quasi banali. Ma osserva il tono, la postura, il contatto visivo. Una voce calda e accogliente può trasformare quel saluto in un abbraccio emotivo, mentre un tono freddo e distratto può farlo sembrare un gesto vuoto. Non è solo ciò che diciamo, ma il modo in cui lo diciamo a creare la connessione. Ed è qui che il linguaggio analogico si intreccia con quello emotivo: entrambi raccontano una storia, ma uno lo fa in modo diretto, l'altro in modo sottile, quasi sussurrato.

Quando iniziamo a esplorare questo linguaggio invisibile, scopriamo che non è solo una forma di comunicazione, ma una finestra sul nostro inconscio. Ogni segnale che inviamo è intriso delle nostre esperienze, delle nostre paure, dei nostri desideri. È come se portassimo con noi un diario segreto, che gli altri possono leggere anche senza il nostro permesso. Ma non è un meccanismo di tradimento: è un invito. Un invito a guardare oltre le apparenze, a vedere l'essenza dell'altro, a comprendere ciò che spesso nemmeno noi comprendiamo di noi stessi.

Ricordo una conversazione avuta con un giovane uomo che si era appena separato dalla sua compagna. Diceva di stare bene, di aver accettato la situazione, ma il suo corpo raccontava un'altra storia. Si sedeva sul bordo della sedia, come se fosse pronto a scappare. Le sue mani si stringevano e si aprivano in un movimento nervoso, quasi compulsivo. I suoi occhi evitavano il contatto diretto, fissandosi su punti indefiniti della stanza. Era come se ogni fibra del suo essere stesse dicendo: "Sto soffrendo, ma non so come dirlo." E in quel momento ho capito quanto fosse potente il linguaggio analogico: era la verità che emergeva, anche quando la mente cercava di nasconderla.

Il linguaggio analogico non è solo un riflesso delle nostre emozioni, ma un meccanismo attraverso cui interagiamo con il mondo. Quando una persona con la ferita dell'abbandono entra in una stanza, porta con sé un'energia particolare. Non lo fa intenzionalmente, ma il suo corpo, il suo modo di muoversi, il suo tono di voce trasmettono un messaggio: "Per favore, non lasciarmi." Questo messaggio non viene necessariamente espresso con le parole, ma è percepito dagli altri, che a loro volta rispondono inconsciamente. È un gioco di specchi, un ciclo che si perpetua finché non diventa consapevole.

Ma questa interazione non riguarda solo le ferite. È il modo in cui costruiamo tutte le nostre relazioni, il modo in cui ci connettiamo con il mondo. Il linguaggio analogico ci permette di trasmettere emozioni che non siamo in grado di verbalizzare, di creare connessioni che vanno oltre la logica. È il tocco di una mano che rassicura, il sorriso che accoglie, il silenzio che comprende. È un linguaggio universale, che non ha bisogno di traduzioni, perché parla direttamente all'anima.

Eppure, c'è un altro lato di questa medaglia. Quando non siamo consapevoli del nostro linguaggio analogico, rischiamo di inviare messaggi che non corrispondono alle nostre intenzioni. Pensa a una madre che dice al figlio: "Sono fiera di te," ma lo fa con un tono freddo e uno sguardo distratto. Il bambino non ascolta le parole, ascolta il messaggio analogico, e quel messaggio dice: "Non sono davvero interessata." Questo crea un disallineamento, una confusione che può diventare una ferita emotiva. Il linguaggio analogico non mente, e quando è in contrasto con ciò che diciamo, il suo messaggio prevale.

Imparare a riconoscere e a lavorare con il linguaggio analogico è un atto di coraggio. Significa guardarsi allo specchio e vedere non solo ciò che vogliamo essere, ma ciò che realmente siamo. Significa accettare che non possiamo controllare tutto, ma che possiamo imparare a comprendere ciò che comunichiamo e, soprattutto, ciò che sentiamo. È un viaggio verso la consapevolezza, un processo di integrazione che ci permette di diventare più autentici, più presenti, più umani.

E forse, alla fine, è proprio questa la magia del linguaggio analogico. Non è perfetto, non è lineare, ma è vero. È un riflesso della nostra complessità, della nostra bellezza, delle nostre imperfezioni. Ed è attraverso questo linguaggio che possiamo iniziare a connetterci davvero, non solo con gli altri, ma anche con noi stessi.

Riconoscere i segnali nelle relazioni non è solo una questione di attenzione, ma di presenza. È come imparare a leggere una melodia suonata da strumenti invisibili, una sinfonia che risuona nelle parole non dette, nei gesti, nei silenzi. Ogni relazione è un dialogo complesso, e spesso i cicli di dolore si perpetuano non per malizia o mancanza di amore, ma perché non vediamo i segnali, non li comprendiamo, o peggio, li ignoriamo.

Immagina due persone che si amano profondamente, ma che non riescono a comunicare. Lei si sente trascurata, lui si sente sotto pressione. Quando lei chiede attenzione, lo fa con un tono che, senza volerlo, trasmette rabbia. Lui, sentendo quella rabbia, si chiude, ritirandosi nel suo silenzio. E così, il ciclo si ripete. Lei lo accusa di essere distante, lui si sente incompreso. Entrambi soffrono, entrambi desiderano connessione, ma non riescono a trovare il modo di rompere quel cerchio. Questo è il linguaggio delle ferite in azione, e la prima strategia per interrompere i cicli di dolore è riconoscerlo.

Riconoscere i segnali non è un atto di giudizio, ma di ascolto. Significa osservare non solo ciò che viene detto, ma come viene detto. È notare il tono di voce che si spezza, lo sguardo che si abbassa, il sorriso che non raggiunge gli occhi. È vedere oltre le parole, cogliere il messaggio nascosto dietro un silenzio prolungato o una frase apparentemente neutra. Ma soprattutto, è chiedersi: *Cosa sta cercando di dirmi questa persona? Qual è il bisogno che sta esprimendo, anche se in modo imperfetto?*

Una volta riconosciuti i segnali, il passo successivo è fermarsi. Non reagire immediatamente, ma prendere un momento per respirare, per riflettere. I cicli di dolore si perpetuano perché rispondiamo automaticamente, senza pensare. Se qualcuno alza la voce, tendiamo a rispondere nello stesso modo, alimentando il conflitto. Ma se invece scegliamo di fermarci, di ascoltare, di osservare, possiamo spezzare quel ciclo. Possiamo scegliere una risposta diversa, una risposta che nasce dalla consapevolezza invece che dalla reazione.

Un uomo una volta mi raccontò di come, ogni volta che sua moglie si arrabbiava, lui si ritirava nel silenzio. Non perché non la amasse, ma perché non sapeva come affrontare quella rabbia. "Mi sembrava di non avere niente da dire," mi disse. Ma in realtà, il suo silenzio non faceva che alimentare il dolore di lei, che lo interpretava come indifferenza. Quando iniziò a riconoscere quel segnale – la sua stessa tendenza a ritirarsi – capì che non era solo una risposta, ma un segnale del suo bisogno di sentirsi sicuro. E quando lo condivise con sua moglie, qualcosa cambiò. Non fu immediato, ma iniziarono a comunicare in modo diverso, a interrompere quel ciclo che li teneva intrappolati.

Riconoscere i segnali nelle relazioni richiede anche la capacità di guardare dentro di sé. Non possiamo comprendere pienamente gli altri se non siamo disposti a esplorare le nostre stesse ferite, i nostri stessi linguaggi nascosti. Ogni volta che ci sentiamo feriti o incompresi, possiamo chiederci: *Qual è la ferita che sta emergendo in questo momento? Come sto comunicando questa ferita?* Non è un processo facile, ma è essenziale. Perché i cicli di dolore non si creano solo tra due persone: si alimentano anche dentro di noi, nelle dinamiche tra le nostre emozioni e le nostre difese.

Un altro elemento fondamentale è la capacità di validare

l'esperienza dell'altro. Questo non significa essere d'accordo con tutto ciò che dice o fa, ma riconoscere che ciò che sente è reale. Se qualcuno esprime rabbia o tristezza, non è nostro compito giudicare se quelle emozioni siano giustificate, ma accettare che esistono, che sono parte della sua esperienza. Dire "Capisco che ti senti così" non risolve il problema, ma crea uno spazio di ascolto, un ponte verso la connessione. E in quel ponte, spesso, i cicli di dolore iniziano a dissolversi.

Infine, riconoscere i segnali significa anche imparare a comunicare i propri bisogni in modo autentico. Quando ci sentiamo feriti, è facile cadere nella trappola del linguaggio reattivo: accuse, silenzi, richieste implicite. Ma se riusciamo a esprimere ciò che proviamo in modo chiaro e vulnerabile, creiamo l'opportunità per una risposta diversa. Dire "Mi sento trascurato" è molto diverso dal dire "Non ti importa di me". La prima frase invita alla connessione, la seconda alimenta il conflitto.

Interrompere i cicli di dolore non è un atto eroico o straordinario. È fatto di piccoli gesti, di scelte quotidiane. È notare un tono di voce e scegliere di rispondere con gentilezza. È vedere un'espressione triste e chiedere: "Come stai davvero?" È riconoscere i propri schemi e lavorare per cambiarli. E, forse più di tutto, è scegliere di essere presenti, di ascoltare, di amare nonostante le imperfezioni, le difficoltà, le ferite.

Alla fine, non si tratta di eliminare il dolore, ma di trasformarlo. Di usare i segnali che riceviamo e che inviamo come strumenti per crescere, per connetterci, per costruire relazioni più profonde e autentiche. Perché, in fondo, i cicli di dolore sono solo un'ombra della nostra umanità. E quando impariamo a vederli, a riconoscerli, possiamo scegliere di lasciarli andare, di camminare verso una luce più vera.

Riconoscere i segnali nelle relazioni non è solo una questione di osservazione, ma di presenza attiva. Significa accettare che ogni relazione, per quanto bella o complessa, è un terreno fertile per rivelare le nostre ferite più profonde. Spesso ci avviciniamo agli altri con il desiderio di essere compresi, ma dimentichiamo che anche loro portano con sé ferite, cicatrici, storie non dette. Le relazioni sono un campo di battaglia, ma anche un luogo di guarigione. I segnali che emergono in queste dinamiche non sono nemici da evitare, ma indicazioni, punti di accesso per comprendere meglio non solo chi abbiamo di fronte, ma anche chi siamo.

Ogni interazione ha il potenziale di diventare uno specchio. Quando qualcuno alza la voce con noi, quando ci sentiamo esclusi, quando una risposta fredda ci lascia perplessi, la nostra prima reazione è spesso quella di difenderci o rispondere con lo stesso tono. Ma cosa succederebbe se, invece, vedessimo quei momenti come opportunità? Ogni segnale, per quanto doloroso, è un invito. Un invito a fermarci e chiederci: *Cosa sta accadendo qui? Cosa mi sta comunicando questa persona, al di là delle parole?*

Interrompere i cicli di dolore richiede una consapevolezza radicale. Non possiamo cambiare ciò che non vediamo, e spesso i segnali sono così intrecciati con le nostre abitudini che passano inosservati. Ma quando iniziamo a sviluppare questa consapevolezza, qualcosa cambia. Vediamo oltre le superfici, cogliamo le sfumature. Il collega che risponde bruscamente non è più solo scortese: diventa una persona che sta lottando con la propria frustrazione o insicurezza. Il partner che si chiude nel silenzio non è più distante, ma forse spaventato, incapace di esprimere ciò che sente. E noi stessi, nei nostri momenti di rabbia o tristezza, diventiamo più chiari ai nostri occhi: non solo reattivi, ma esseri umani che cercano connessione.

Una strategia cruciale per interrompere i cicli di dolore è sviluppare quella che potremmo chiamare "curiosità empatica." Quando vediamo un comportamento che ci ferisce o ci destabilizza, possiamo scegliere di non reagire immediatamente, ma di indagare. Non con l'intenzione di controllare o manipolare, ma con il desiderio genuino di capire. Questo non significa giustificare ogni comportamento, ma riconoscere che dietro ogni gesto c'è una storia, un motivo, una ferita. È chiedere: *Cosa sta cercando di dirmi questa persona, anche se lo fa in modo imperfetto?*

Un altro aspetto fondamentale è imparare a distinguere tra il segnale e la reazione. Quando qualcuno ci ferisce, la nostra tendenza naturale è reagire. Ma spesso, la nostra reazione amplifica il ciclo di dolore invece di interromperlo. Se qualcuno ci parla con rabbia, rispondere con la stessa intensità non fa che alimentare il conflitto. Invece, possiamo scegliere di osservare: *Perché questa rabbia mi colpisce così profondamente? Quale ferita sta toccando dentro di me?* È un processo difficile, ma incredibilmente potente, perché ci permette di uscire dalla dinamica del conflitto e iniziare a costruire un dialogo.

Penso spesso a una storia che mi è stata raccontata da una coppia. Lui aveva la tendenza a ritirarsi nel silenzio ogni volta che litigavano, mentre lei reagiva cercando di forzare il dialogo. Questo creava un ciclo infinito: più lei insisteva, più lui si chiudeva. Più lui si chiudeva, più lei si sentiva ignorata. Quando finalmente iniziarono a esplorare questi schemi, scoprirono che entrambi stavano reagendo alle loro ferite. Lui, con una storia di tradimenti alle spalle, associava il confronto alla perdita di fiducia. Lei, cresciuta in un ambiente emotivamente distante, vedeva il silenzio come un abbandono. Riconoscere questi segnali non risolse tutto immediatamente, ma aprì una porta: iniziarono a vedere l'uno nell'altro non un nemico, ma un alleato.

Interrompere i cicli di dolore significa anche imparare a comunicare con autenticità. Spesso ci esprimiamo in modo indiretto, aspettandoci che l'altro intuisca ciò che proviamo o di cui abbiamo bisogno. Ma la comunicazione autentica richiede coraggio: dire "Mi sento ferito" invece di "Mi hai ferito." Dire "Ho bisogno di sentirti vicino" invece di "Non ti importa di me." Queste frasi sembrano simili, ma la differenza è enorme. La prima crea uno spazio di apertura, la seconda chiude la porta.

E poi c'è l'ascolto. Non un ascolto passivo, ma un ascolto che coinvolge tutto il nostro essere. Quando qualcuno ci parla, non ascoltiamo solo le parole, ma il tono, il ritmo, le pause. Ascoltiamo ciò che non viene detto. Ascoltiamo con gli occhi, con il cuore. Questo tipo di ascolto non è facile, perché richiede di mettere da parte i nostri pregiudizi, le nostre aspettative, persino i nostri bisogni. Ma è in questo ascolto che i segnali diventano visibili, che il ciclo di dolore inizia a dissolversi.

Alla fine, riconoscere i segnali nelle relazioni non è solo una questione di tecnica, ma di intenzione. È scegliere di essere presenti, di vedere l'altro non come un avversario, ma come un compagno di viaggio. È accettare che le relazioni sono imperfette, che le ferite emergono, ma che proprio in quelle imperfezioni c'è la possibilità di crescita, di connessione, di guarigione. Non possiamo evitare il dolore, ma possiamo scegliere di non perpetuarlo. E questa scelta, per quanto semplice, è un atto di straordinaria bellezza.

L'ECO DELL'INFANZIA

Parte 3: La Guarigione

La guarigione non è mai un processo lineare, né una destinazione da raggiungere con leggerezza. È un viaggio tortuoso, intriso di vulnerabilità e scoperte, che richiede di guardare negli angoli più nascosti di noi stessi. Non è questione di cancellare il dolore o ignorare le ferite, ma di imparare a convivere con esse, di comprenderle fino in fondo, e infine di trasformarle. La guarigione è un atto di rivoluzione interiore: non consiste nel negare ciò che è stato, ma nel riconoscerlo e nel darle un significato che ci permetta di andare avanti.

Molti temono la guarigione perché essa implica affrontare il dolore, quel dolore che abbiamo così spesso cercato di evitare o reprimere. Ma è proprio in questa accettazione che risiede la sua potenza. Non possiamo trasformare ciò che non siamo disposti a vedere. Ogni ferita è una porta, e la guarigione è il coraggio di aprirla, anche se dietro di essa ci aspetta il caos. È in quel caos che si cela la possibilità di costruire qualcosa di nuovo, qualcosa di autentico, qualcosa che sia davvero nostro.

Le ferite emotive ci insegnano che il dolore non è solo una condanna, ma anche una guida. Ogni lacrima versata, ogni notte insonne, ogni momento di solitudine porta con sé un messaggio, una lezione che aspetta solo di essere colta. Ma per ascoltare quel messaggio, dobbiamo imparare a fermarci, a respirare, a creare spazio per il dolore. Non come nemico, ma come compagno di viaggio.

La guarigione è anche un atto di amore verso sé stessi. Significa riconoscere che non siamo definiti dalle nostre ferite, ma che esse fanno parte della nostra storia, della nostra umanità. È un processo che richiede tempo, pazienza, e, soprattutto, compassione. Compassione per le nostre debolezze, per i nostri errori, per i momenti in cui ci siamo allontanati da chi volevamo essere. E compassione per le versioni di noi stessi che hanno lottato per sopravvivere, anche quando non avevamo tutti gli strumenti per farlo.

In questa terza parte, esploreremo il cammino della guarigione in tutte le sue sfaccettature. Partiremo dalla consapevolezza del dolore, imparando a riconoscerlo senza giudizio, a osservarlo per quello che è: una parte di noi che chiede di essere vista e accolta. Proseguiremo con l'arte della trasformazione, quei passi concreti che ci permettono di prendere il nostro dolore e di usarlo come carburante per la crescita. E infine, guarderemo alle relazioni, al modo in cui, una volta iniziato il processo di guarigione, possiamo costruire legami più autentici e significativi.

Non sarà un percorso facile. Ci saranno momenti di resistenza, di paura, di smarrimento. Ma è in quei momenti che troveremo la nostra forza. Perché la guarigione non è mai solo personale: è un atto di riconciliazione con il mondo, con le persone che amiamo, con la vita stessa. È un viaggio verso una versione di noi stessi che non è perfetta, ma è vera. Ed è lì, in quella verità, che troviamo la libertà.

Capitolo 9: La Consapevolezza del Dolore

Il dolore è una presenza silenziosa che si insinua nella nostra vita. Non bussa, non chiede permesso, ma si insedia nei nostri pensieri, nelle emozioni, nel corpo. Per anni, possiamo ignorarlo, coprirlo con impegni, distrazioni, sorrisi di circostanza. Ma il dolore ha una sua voce, una sua volontà. Non si spegne, non scompare. Si manifesta in modi sottili: un nodo alla gola, una stanchezza inspiegabile, una sensazione di vuoto che ci accompagna anche nei momenti di apparente serenità. E quando decide di farsi sentire, non possiamo più ignorarlo.

La consapevolezza del dolore non è qualcosa che ci viene naturale. Siamo cresciuti in una cultura che ci insegna a evitare il dolore, a considerarlo un nemico, qualcosa da combattere o reprimere. "Vai avanti," ci dicono. "Non pensarci." E così, impariamo a indossare maschere, a costruire barriere, a creare vite che sembrano perfette all'esterno ma che dentro di noi si sgretolano. Ma la verità è che il dolore non può essere evitato. Può solo essere trasformato. E la trasformazione inizia con la consapevolezza.

Diventare consapevoli del dolore significa accettarlo per quello che è: una parte di noi. Non è un intruso, ma un messaggero. Ci dice che qualcosa dentro di noi ha bisogno di attenzione, di cura, di amore. Ma per ascoltarlo, dobbiamo prima liberarci dal giudizio. Dobbiamo smettere di etichettarlo come "cattivo" o "sbagliato." Il dolore è un'emozione, e come tutte le emozioni, merita di essere riconosciuto, compreso, onorato.

Questa consapevolezza non arriva con un atto di volontà. Non possiamo semplicemente decidere di accettare il dolore e aspettarci che tutto cambi. È un processo, un cammino fatto di piccoli passi. Inizia con l'ascolto. Ogni volta che sentiamo quel peso nel petto, quella stretta nello stomaco, possiamo fermarci e chiederci: *Cosa sta cercando di dirmi? Qual è l'origine di questa emozione?* Non sempre troveremo una risposta immediata, e va bene così. Il semplice atto di porci la domanda è già un segnale al nostro inconscio che siamo pronti ad ascoltare.

La consapevolezza del dolore richiede anche un certo grado di vulnerabilità. Significa ammettere che siamo umani, che proviamo emozioni, che non abbiamo sempre tutto sotto controllo. Questo può essere difficile, soprattutto se abbiamo passato la vita a cercare di apparire forti, invulnerabili. Ma è proprio in quella vulnerabilità che risiede la nostra forza. Quando accettiamo di essere vulnerabili, ci permettiamo di essere autentici. E solo nell'autenticità possiamo iniziare a guarire.

C'è un'altra cosa importante da ricordare: la consapevolezza del dolore non significa lasciarsene sopraffare. Non significa crogiolarsi nel dolore o identificarsi completamente con esso. È un equilibrio delicato, un dialogo continuo. Possiamo riconoscere il dolore senza permettergli di definirci. Possiamo accoglierlo senza esserne consumati. È come guardare una tempesta attraverso una finestra: possiamo osservare il vento, la pioggia, il caos, sapendo che siamo al sicuro.

Un elemento fondamentale di questo processo è il non giudizio. Spesso, quando proviamo dolore, iniziamo a giudicarci: *Perché mi sento così? Perché non riesco a superarlo?* Ma questi giudizi non fanno che aggiungere ulteriore peso al nostro carico emotivo. La consapevolezza, invece, è gentile. È come un abbraccio che dice: *Va bene così. È normale sentire dolore. Non c'è niente di sbagliato in te.* Questo tipo di accettazione non è debolezza, ma coraggio. È il coraggio di guardare dentro di noi senza paura, senza vergogna.

La consapevolezza del dolore è anche un atto di amore verso sé stessi. È dire: *Mi importa di ciò che sento. Mi importa di ciò che sono.* In un mondo che ci insegna a ignorarci, a mettere sempre gli altri al primo posto, prendersi il tempo per ascoltare il proprio dolore è un atto rivoluzionario. È un modo per dire: *Sono importante. Merito attenzione. Merito cura.*

Questo capitolo non riguarda solo il dolore, ma la relazione che possiamo costruire con esso. Perché il dolore non è un nemico da combattere, ma un alleato da ascoltare. Quando impariamo a farlo, quando iniziamo a vedere il dolore non come un ostacolo ma come una guida, scopriamo che dentro di noi c'è una forza che non avremmo mai immaginato. Una forza che ci permette di andare avanti, nonostante tutto, con una consapevolezza nuova, più profonda, più vera.

L'attenzione selettiva: un filtro invisibile

Le ferite emotive che ci portiamo dentro non influenzano solo il nostro stato d'animo o il nostro comportamento, ma anche il modo in cui percepiamo il mondo. È come se indossassimo degli occhiali che filtrano la realtà, facendoci vedere solo ciò che nutre il nostro dolore. Questo meccanismo è noto come attenzione selettiva. Non è qualcosa che scegliamo consapevolmente: è una strategia di sopravvivenza, un modo con cui la mente cerca di confermare ciò che crede di sapere, anche quando quel sapere ci ferisce.

Immagina di avere la ferita del rifiuto. Ogni interazione, ogni sguardo, ogni silenzio viene filtrato attraverso questa lente. Se qualcuno non risponde a un messaggio, non pensi che sia distratto o occupato: pensi che non ti consideri importante. Se ricevi una critica, non la interpreti come un'opportunità di crescita, ma come una conferma del fatto che non vali abbastanza. L'attenzione selettiva funziona così: non cerca la verità, ma la coerenza con ciò che già temiamo.

Questa dinamica è presente in tutte le ferite emotive. Chi ha vissuto l'abbandono noterà ogni piccola assenza, ogni segno di distacco, ignorando le dimostrazioni d'affetto che non si allineano alla sua percezione. Chi porta con sé la ferita dell'ingiustizia sarà ipersensibile a ogni segno di disparità, anche quando è involontaria. È un circolo vizioso che si autoalimenta: il dolore guida la nostra attenzione, e ciò su cui ci concentriamo rafforza il nostro dolore.

Ma c'è una buona notizia: questo meccanismo non è immutabile. Possiamo imparare a riconoscerlo, a interrompere il flusso automatico dei nostri pensieri, a guardare oltre le lenti delle nostre ferite. Ed è in questo contesto che le storie di risveglio emotivo diventano così preziose. Non sono solo racconti di altre persone: sono specchi che ci mostrano che un cambiamento è possibile.

Una domenica mattina come tante

Il sole filtrava timidamente attraverso le tende della cucina, illuminando una stanza che sembrava sospesa nel tempo. Lei si sedette al tavolo con una tazza di caffè tra le mani, sentendosi inspiegabilmente vuota. Aveva vissuto anni indossando la maschera della perfezione, convinta che se avesse tenuto tutto sotto controllo, il dolore non avrebbe avuto spazio. Ma quel mattino, qualcosa cambiò.

Mentre fissava la tazza, un pensiero emerse: *Perché continuo a sentirmi così, nonostante tutto ciò che faccio?* Non c'era una risposta immediata, ma c'era una sensazione, una consapevolezza che si stava facendo strada. Le lacrime iniziarono a scendere, e per la prima volta non cercò di fermarle. Non si rimproverò, non si chiese perché. Semplicemente lasciò che quel momento accadesse. In quel silenzio, cominciò a rendersi conto che la sua attenzione era stata completamente focalizzata su ciò che mancava, su ciò che non era andato come sperava, ignorando tutto il resto.

Fu solo l'inizio, ma fu un momento di svolta. Più tardi descrisse quel giorno come il primo passo verso la libertà: "Non mi ero mai concessa di ascoltarmi davvero. Era come se avessi passato la vita a cercare risposte fuori da me, mentre le domande più importanti erano sempre dentro."

L'incontro con il quadro

Era un pomeriggio d'autunno, e lui entrò nel museo senza un motivo particolare, spinto più dalla voglia di sfuggire al caos della città che da un reale interesse per l'arte. Non era mai stato un appassionato, ma quella visita si rivelò diversa. Camminava tra le sale senza prestare molta attenzione, finché non si fermò davanti a un quadro. Non sapeva spiegare perché, ma quella tela lo attirava. C'era qualcosa nei colori, nel modo in cui si muovevano, che sembrava risuonare dentro di lui.

Mentre lo osservava, una sensazione crescente prese forma. Era come se quel quadro stesse raccontando qualcosa che lui non riusciva a esprimere. Ricordi, emozioni e pensieri repressi iniziarono a emergere, fino a trasformarsi in un nodo alla gola, un peso nel petto. Per anni, la sua attenzione si era concentrata esclusivamente su ciò che aveva perso, su chi lo aveva lasciato, su ciò che non aveva funzionato. Ma in quel momento, per la prima volta, si concesse di sentire tutto.

Rimase lì, immobile, lasciando che il dolore trovasse spazio. Più tardi avrebbe detto: "Quel quadro mi ha insegnato qualcosa che non avevo mai capito: che il dolore non è il mio nemico. È parte di me. E se continuo a combatterlo, continuerò a combattermi."

C'è speranza

Queste sono solo due delle storie che ho ascoltato nel corso degli anni. Ogni racconto è unico, ma ognuno porta con sé lo stesso messaggio: è possibile cambiare, è possibile vedere il bello che la vita ha da offrire, è possibile modificare quell'attenzione selettiva che ci spinge a vedere, sentire e provare solo ciò che nutre le nostre ferite. Questo cambiamento non accade da un giorno all'altro, e non è privo di difficoltà, ma è reale. Ogni volta che scegliamo di osservare il nostro dolore invece di evitarlo, ogni volta che scegliamo di cambiare prospettiva, stiamo compiendo un passo verso la libertà. Questi momenti di risveglio, per quanto piccoli possano sembrare, sono il seme di una trasformazione che può cambiare non solo il modo in cui vediamo noi stessi, ma anche il modo in cui viviamo la nostra vita.

Esercizi pratici per accettare il dolore senza evitarlo

Accettare il dolore senza evitarlo è un atto di straordinario coraggio. È un processo che va contro le nostre inclinazioni naturali, che ci spingono a fuggire, a distrarci, a costruire barriere per proteggerci da ciò che temiamo di affrontare. Ma è proprio nella capacità di accogliere il dolore che risiede la chiave per liberarsene. Non si tratta di abbandonarsi alla sofferenza, ma di imparare a convivere con essa, a dialogare con le nostre emozioni senza giudizio. Per fare questo, ci sono alcune strategie pratiche che possono guidarci lungo il cammino.

Creare uno spazio sicuro per il dolore

Il primo passo è creare un ambiente in cui il dolore possa emergere senza essere soffocato. Trova un luogo tranquillo, un angolo della tua casa dove ti senti al sicuro. Siediti comodamente, chiudi gli occhi e porta la tua attenzione al tuo respiro. Non cercare di modificarlo, ma osserva come fluisce dentro e fuori. Questo semplice atto di presenza ti aiuta a stabilire un punto di riferimento stabile, un'ancora che ti mantiene radicato mentre esplori le tue emozioni.

Quando senti emergere il dolore, prova a non respingerlo. Immagina di essere un osservatore curioso, che guarda il proprio mondo interiore con interesse e compassione. Chiediti: *Dove lo sento nel mio corpo? È una tensione, un peso, un vuoto?* Non devi fare altro che notarlo, senza cercare di cambiarlo. Questo esercizio ti aiuta a familiarizzare con il dolore, a ridurre la paura che spesso lo accompagna.

Il diario delle emozioni

Scrivere è uno degli strumenti più potenti per esplorare il dolore. Ogni sera, dedica qualche minuto a scrivere ciò che hai provato durante la giornata. Non preoccuparti della grammatica o della struttura: lascia che le parole fluiscano liberamente. Puoi iniziare con domande semplici come: *Cosa mi ha fatto sentire dolore oggi? Cosa avrei voluto dire ma non ho detto? Quale parte di me ha bisogno di attenzione in questo momento?*

Il diario non è solo un modo per esprimere ciò che provi, ma anche per osservare i tuoi schemi emotivi. Con il tempo, potresti iniziare a notare che certi pensieri o sentimenti si ripetono. Questo è un segnale prezioso: ti mostra dove si trovano le tue ferite più profonde e ti dà l'opportunità di affrontarle con maggiore consapevolezza.

La visualizzazione guidata

Immagina il tuo dolore come un bambino spaventato che bussa alla tua porta. Può sembrare fragile, insicuro, ma anche insistente. Chiudi gli occhi e immagina di aprire quella porta, di guardare quel bambino negli occhi. Non c'è bisogno di fare domande o cercare risposte: limitati a essere presente. Puoi immaginare di prenderlo per mano, di abbracciarlo, di rassicurarlo che sei lì per lui. Questo semplice atto simbolico può avere un impatto profondo, perché trasforma il dolore da nemico in un compagno che merita attenzione e amore.

Connettersi con il corpo

Il dolore emotivo non vive solo nella mente: si manifesta nel corpo, nelle tensioni, nei disagi, nelle sensazioni fisiche. Praticare una forma di movimento consapevole, come lo yoga o il tai chi, può aiutarti a entrare in contatto con queste sensazioni. Non è necessario essere esperti: anche semplici esercizi di stretching o di respirazione profonda possono fare la differenza. L'obiettivo non è "aggiustare" il corpo, ma usarlo come una porta d'accesso per esplorare ciò che senti.

Accogliere il dolore nelle relazioni

Un altro passo cruciale è imparare a condividere il proprio dolore con gli altri. Trova una persona di cui ti fidi, qualcuno che possa ascoltarti senza giudicarti. Parla di ciò che provi, anche se non sai bene come esprimerlo. Non devi trovare le parole perfette: il semplice atto di condividere ciò che senti può alleggerire il peso che porti dentro.

Allo stesso modo, impara a essere presente per gli altri quando esprimono il loro dolore. Questo non significa risolvere i loro problemi, ma offrire un ascolto autentico. Essere presenti per qualcun altro ti aiuta a vedere che non sei solo, che il dolore fa parte dell'esperienza umana e che c'è forza nella connessione.

Il potere della ripetizione

Accettare il dolore non è un evento singolo, ma un processo che richiede tempo e pratica. Ogni volta che scegli di ascoltare il tuo dolore invece di evitarlo, stai rafforzando una nuova abitudine, una nuova relazione con te stesso. Non aspettarti di cambiare tutto in un giorno. Celebrati per ogni piccolo passo che fai, per ogni momento in cui scegli la consapevolezza invece della fuga.

Accettare il dolore senza evitarlo è un atto rivoluzionario, perché va contro tutto ciò che ci è stato insegnato. È un processo che richiede gentilezza, pazienza e, soprattutto, coraggio. Ma è anche un processo che ci permette di scoprire una forza che non sapevamo di avere. Ogni esercizio, ogni pratica, ogni momento di consapevolezza è un seme che piantiamo nel terreno della nostra anima. E con il tempo, quel seme cresce, trasformandosi in qualcosa di bellissimo: la capacità di vivere con autenticità, nonostante il dolore, e forse proprio grazie ad esso.

Capitolo 10: L'Arte della Guarigione

La guarigione è un viaggio che inizia quando decidiamo di fare pace con il nostro dolore, non perché lo vogliamo lì, ma perché capiamo che combatterlo non ha mai funzionato. Ogni battaglia interna, ogni tentativo di scacciarlo, lo ha reso più forte, più radicato. È come cercare di allontanare l'ombra di un oggetto sotto la luce: più ci muoviamo, più l'ombra ci segue. La vera trasformazione avviene quando ci fermiamo, quando ci permettiamo di osservare quell'ombra, di comprenderla, di accoglierla. È in quel momento che il dolore si trasforma da nemico a maestro.

Ma accogliere il dolore non significa accettare passivamente tutto ciò che ci è accaduto. Non significa arrenderci o rassegnarci. È un processo attivo, un atto di creatività, perché richiede di ricostruire la nostra vita su nuove fondamenta. La trasformazione non è mai qualcosa che accade per caso: è il risultato di scelte intenzionali, di azioni quotidiane che accumulano forza e saggezza nel tempo. Non possiamo cambiare ciò che è stato, ma possiamo cambiare il significato che diamo a ciò che abbiamo vissuto. Possiamo scegliere di vedere le nostre ferite non come segni di debolezza, ma come aperture attraverso cui la luce può entrare.

Uno dei primi passi per trasformare il dolore in crescita è smettere di identificarci con esso. Non siamo le nostre ferite, anche se per tanto tempo abbiamo creduto il contrario. Quando soffriamo, è facile cadere nella trappola di pensare: "Sono una persona ferita. Sono qualcuno che non può guarire." Ma questa è solo una storia che ci raccontiamo. È una narrazione che possiamo riscrivere. Ogni ferita porta con sé un messaggio, un invito a scoprire qualcosa di più profondo su di noi, ma non è ciò che siamo. Siamo molto di più.

Riconoscere questa verità richiede un lavoro interiore che spesso è scomodo, perché ci costringe a guardare in faccia ciò che abbiamo evitato per tanto tempo. È come rientrare in una stanza della nostra casa che abbiamo tenuto chiusa per anni. All'inizio, potremmo sentire paura o disgusto: la stanza è polverosa, buia, piena di cose che non vogliamo vedere. Ma man mano che iniziamo a pulire, a mettere ordine, ci rendiamo conto che quella stanza è parte della nostra casa, e che può diventare un luogo di bellezza e pace.

La trasformazione richiede anche la capacità di fare scelte consapevoli, di assumersi la responsabilità del proprio percorso. Questo non significa negare le circostanze esterne o minimizzare l'impatto di ciò che ci è accaduto. Ma significa riconoscere che, anche nelle situazioni più difficili, abbiamo sempre una scelta: la scelta di come rispondere, di come interpretare, di come agire. Non possiamo cambiare il passato, ma possiamo decidere come influenzerà il nostro presente e il nostro futuro.

Penso a una donna che ho incontrato anni fa, il cui dolore era radicato in una serie di relazioni tossiche che l'avevano lasciata profondamente ferita. Per molto tempo, si era sentita impotente, come se il suo destino fosse fuori dal suo controllo. Ma un giorno, qualcosa cambiò. Decise di iniziare a prendersi cura di sé in modi che non aveva mai considerato prima. Cominciò con piccoli gesti: prepararsi una colazione che amava, dedicare dieci minuti al giorno a una passeggiata. Questi atti sembravano insignificanti, ma col tempo accumularono una forza incredibile. Ogni piccolo gesto era un promemoria del fatto che aveva il potere di fare scelte che nutrivano la sua anima, invece di alimentare il suo dolore.

Il percorso di guarigione non è mai lineare. Ci saranno momenti in cui sembrerà di fare passi indietro, in cui il dolore si ripresenterà con una forza che pensavamo di aver superato. Ma anche questi momenti fanno parte del processo. La crescita non è una linea retta, ma una spirale: ogni volta che torniamo su un vecchio dolore, lo facciamo da un punto di vista diverso, con una nuova consapevolezza. E ogni volta, portiamo con noi un pezzo in più di guarigione.

Per trasformare il dolore in crescita, dobbiamo anche imparare a vedere la bellezza nel caos. Questo non significa romanticizzare la sofferenza, ma riconoscere che anche nei momenti più difficili ci sono opportunità di apprendimento, di connessione, di scoperta. La sofferenza ci spoglia di ciò che è superficiale, ci costringe a guardare dentro di noi con onestà. E in quella vulnerabilità, troviamo la nostra forza.

La guarigione è anche un atto di fede. Non una fede religiosa, necessariamente, ma una fede nella possibilità di cambiamento. È la convinzione che, anche quando tutto sembra perduto, c'è sempre una via d'uscita, una luce alla fine del tunnel. Non sappiamo sempre come o quando quella luce arriverà, ma il semplice fatto di crederci ci dà la forza di andare avanti.

C'è una frase che mi è sempre rimasta impressa: "La ferita è il luogo dove la luce entra in te." È una frase semplice, ma racchiude una verità profonda. Le nostre ferite non sono solo fonte di dolore, ma anche di trasformazione. Sono i punti in cui la nostra anima è stata scossa, i luoghi in cui la nostra armatura si è incrinata. E attraverso quelle incrinature, può entrare qualcosa di nuovo: amore, comprensione, connessione.

Alla fine, l'arte della guarigione non è qualcosa che impariamo una volta per tutte. È un processo che continua per tutta la vita, un viaggio che ci insegna non solo a vivere con le nostre ferite, ma a farne qualcosa di bello. È un atto di creazione, di speranza, di amore. E in questo atto, troviamo la nostra vera essenza.

Capitolo 11: Relazioni Autentiche

Le relazioni autentiche non nascono per caso. Sono il risultato di un lavoro profondo, di un viaggio interiore che ci porta a comprendere e accettare noi stessi, prima ancora di poter veramente connetterci con gli altri. Dopo la guarigione, il modo in cui ci rapportiamo alle persone cambia inevitabilmente. Le ferite che un tempo guidavano le nostre interazioni iniziano a perdere il loro potere. Non scompaiono, ma smettono di controllarci, permettendoci di costruire legami che non siano più fondati sulla paura o sulla mancanza, ma sulla fiducia, sull'autenticità, sull'amore.

Una relazione autentica non è priva di conflitti o difficoltà. È fatta di momenti di vulnerabilità, di incomprensioni, di errori. Ma è anche caratterizzata dalla capacità di affrontare questi momenti con onestà, di usarli come opportunità per crescere insieme. L'autenticità non significa essere perfetti, ma essere veri. Significa mostrarsi per ciò che si è, con i propri punti di forza e le proprie fragilità, senza nascondersi dietro maschere o difese.

La guarigione personale ci dà la possibilità di interrompere i cicli di dolore che spesso si perpetuano nelle relazioni. Quando siamo inconsapevoli delle nostre ferite, tendiamo a ricreare situazioni che le alimentano, attirando persone o dinamiche che confermano le nostre paure. Ma quando iniziamo a riconoscere questi schemi, possiamo fare scelte diverse. Possiamo scegliere di costruire relazioni che ci nutrono, invece di relazioni che ci feriscono.

Penso a una donna che, dopo anni di relazioni tossiche, si rese conto che ogni volta che si innamorava, cercava inconsciamente di colmare un vuoto dentro di sé. Ogni relazione era un tentativo di guarire quella ferita, ma ogni volta finiva per sentirsi ancora più sola. Quando iniziò a lavorare su sé stessa, scoprì che quel vuoto non poteva essere riempito da qualcun altro. Doveva imparare a prendersi cura di sé, a darsi ciò che aveva sempre cercato negli altri. E quando finalmente riuscì a farlo, le sue relazioni cambiarono. Incontrò persone che non volevano salvarla, ma condividerne il cammino.

Le relazioni autentiche nascono da un luogo di completezza, non di bisogno. Questo non significa che dobbiamo essere completamente guariti o privi di ferite per avere legami sani. Ma significa che, quando entriamo in una relazione, non cerchiamo più qualcuno che riempia i nostri vuoti, ma qualcuno con cui condividere la nostra pienezza. È una differenza sottile, ma fondamentale.

Un aspetto chiave delle relazioni autentiche è la capacità di comunicare in modo aperto e onesto. Questo non riguarda solo ciò che diciamo, ma anche come ascoltiamo. L'ascolto autentico non è solo sentire le parole dell'altro, ma cercare di comprenderne il significato profondo, le emozioni che le accompagnano. È essere presenti, senza giudizio, senza cercare di risolvere o controllare. È creare uno spazio sicuro in cui l'altro si senta visto, compreso, accettato.

Ma l'autenticità non riguarda solo la connessione con gli altri: riguarda anche il rispetto dei propri limiti. Spesso pensiamo che per avere una relazione autentica dobbiamo dare tutto di noi stessi, sacrificare i nostri bisogni per quelli dell'altro. Ma questo non è amore: è autosacrificio. Una relazione autentica è fatta di equilibrio, di reciprocità, di confini sani. È sapere quando dire di no, quando prendersi tempo per sé stessi, quando chiedere ciò di cui abbiamo bisogno.

Dopo la guarigione, impariamo anche a distinguere tra relazioni che ci nutrono e relazioni che ci drenano. Questo non significa tagliare fuori chiunque non sia perfetto, ma essere onesti su ciò che vogliamo e ciò che siamo disposti a tollerare. Non tutte le relazioni sono destinate a durare, e va bene così. A volte, la cosa più autentica che possiamo fare è lasciare andare una relazione che non ci serve più, per fare spazio a qualcosa di nuovo.

La guarigione non rende le relazioni perfette, ma le rende reali. Ci permette di affrontare i conflitti con maggiore maturità, di vedere l'altro non come un'estensione di noi stessi, ma come un individuo con i propri bisogni, le proprie paure, i propri desideri. Ci insegna a essere presenti, a essere pazienti, a essere compassionevoli, sia con noi stessi che con gli altri.

Le relazioni autentiche non si costruiscono in un giorno. Richiedono tempo, impegno, dedizione. Ma sono uno dei frutti più belli della guarigione, perché ci ricordano che non siamo soli, che siamo connessi, che siamo amati. E in quella connessione, troviamo non solo la forza per affrontare il dolore, ma anche la gioia di vivere.

Creare relazioni sane e autentiche dopo la guarigione è un processo tanto naturale quanto intenzionale. Non accade semplicemente perché siamo "guariti," ma perché la guarigione ci ha insegnato qualcosa di fondamentale: come rapportarci a noi stessi con amore, rispetto e accettazione. Solo quando impariamo a trattarci con queste qualità possiamo portarle nelle relazioni con gli altri. Le relazioni autentiche non sono perfette, ma sono reali. Non sono immuni da conflitti o difficoltà, ma si fondano su una base di fiducia, connessione e reciprocità che permette loro di crescere e prosperare.

Il primo passo per creare relazioni autentiche è partire da sé stessi. La guarigione ci insegna che non possiamo aspettarci di costruire legami sani se continuiamo a cercare negli altri ciò che non riusciamo a trovare dentro di noi. Questo non significa che dobbiamo essere "completi" o "perfetti" prima di entrare in una relazione, ma che dobbiamo avere una consapevolezza delle nostre ferite, dei nostri bisogni e dei nostri schemi. Sapere chi siamo e cosa portiamo in una relazione è fondamentale per costruire un legame basato sull'autenticità.

Un elemento cruciale è la capacità di comunicare in modo aperto e sincero. La guarigione ci insegna a riconoscere le nostre emozioni e a esprimerle senza paura di essere giudicati. Questo non significa condividere tutto in ogni momento, ma essere disponibili a mostrare le parti di noi che un tempo avremmo nascosto. Comunicare in modo autentico richiede anche di saper ascoltare. Quando ascoltiamo l'altro con presenza e attenzione, creiamo uno spazio in cui si sente libero di essere sé stesso, senza timore di essere frainteso o criticato. È in questo scambio reciproco che le relazioni autentiche prendono forma.

Le relazioni sane si fondano anche su confini chiari. La guarigione ci insegna che i confini non sono muri, ma ponti. Ci permettono di proteggere il nostro spazio personale senza isolare l'altro. Avere confini chiari significa sapere cosa siamo disposti a dare e cosa non siamo disposti ad accettare, e comunicarlo in modo rispettoso ma fermo. Questo non solo protegge la nostra integrità, ma aiuta anche l'altro a sapere dove si trova e come interagire con noi in modo costruttivo.

Un altro elemento fondamentale è la capacità di accettare l'altro per ciò che è, non per ciò che vorremmo che fosse. Questo è uno degli insegnamenti più preziosi della guarigione: imparare a vedere l'altro come un individuo unico, con i suoi punti di forza, le sue debolezze, le sue paure. L'accettazione non significa tollerare comportamenti dannosi o ignorare i problemi, ma riconoscere che nessuno è perfetto e che le relazioni autentiche si costruiscono nella vulnerabilità, non nella perfezione.

Creare relazioni sane richiede anche la disponibilità a lavorare insieme sui conflitti. La guarigione non elimina i disaccordi, ma ci dà gli strumenti per affrontarli in modo diverso. Quando sorgono conflitti, possiamo scegliere di vederli non come minacce, ma come opportunità per crescere insieme. Possiamo affrontarli con curiosità invece che con paura, cercando di capire non solo ciò che l'altro sta dicendo, ma anche ciò che sta sentendo. Questo richiede pazienza, empatia e la disponibilità a mettere da parte il nostro ego per il bene della relazione.

Infine, creare relazioni autentiche significa coltivare la gratitudine. Spesso diamo per scontato i legami più importanti della nostra vita, concentrandoci su ciò che non va invece che su ciò che funziona. La guarigione ci insegna a vedere la bellezza nelle piccole cose, nei gesti quotidiani che rafforzano una relazione. Dire "grazie," mostrare apprezzamento, riconoscere ciò che l'altro porta nella nostra vita sono atti semplici, ma profondamente trasformativi.

Creare relazioni sane e autentiche dopo la guarigione non è un traguardo, ma un processo continuo. Richiede impegno, vulnerabilità e la disponibilità a crescere insieme. Ma è anche uno dei doni più belli che possiamo ricevere e offrire. Perché nelle relazioni autentiche non solo troviamo compagnia e sostegno, ma anche la possibilità di scoprire parti di noi stessi che non avremmo mai conosciuto da soli. È lì, in quella connessione, che troviamo non solo la guarigione, ma anche la gioia di vivere.

Quando parliamo di guarigione, spesso immaginiamo un punto di arrivo, un momento in cui tutto il dolore svanisce e ci sentiamo finalmente liberi. Ma la realtà è diversa. La guarigione non è un processo che cancella le ferite, bensì uno che le trasforma. Le ferite guarite non scompaiono, non svaniscono come se non fossero mai esistite. Rimangono come segni sulla nostra anima, ma smettono di sanguinare. E proprio in quei segni, in quelle cicatrici, risiede la nostra forza. Integrare le ferite guarite nella nostra vita relazionale non significa ignorarle o dimenticarle, ma imparare a viverle in modo nuovo, a usarle come strumenti per connetterci, per amare, per costruire relazioni autentiche.

Le ferite emotive, una volta guarite, non perdono il loro significato: acquisiscono una nuova profondità. Diventano il terreno fertile su cui possiamo costruire legami più profondi e significativi. Ogni relazione che abbiamo porta con sé l'opportunità di crescere, di scoprire qualcosa di nuovo su di noi e sull'altro. Ma perché ciò accada, dobbiamo prima accettare e integrare il nostro passato. Le ferite guarite non sono qualcosa da nascondere, ma da onorare, perché rappresentano il percorso che abbiamo intrapreso per diventare ciò che siamo.

Il primo passo per integrare le ferite guarite nella vita relazionale è riconoscerne il valore. Spesso, quando pensiamo alle nostre ferite, ci concentriamo sul dolore che hanno causato, sulle perdite che hanno comportato. Ma ogni ferita porta con sé anche delle lezioni, delle scoperte. Ci insegna chi siamo, cosa vogliamo, cosa non vogliamo più tollerare. Ci insegna a stabilire confini, a riconoscere i segnali di pericolo, a scegliere ciò che ci nutre invece di ciò che ci svuota. Integrare le ferite significa riconoscere che non sono solo un segno del passato, ma una guida per il futuro.

Immagina di entrare in una nuova relazione con questa consapevolezza. Invece di temere che le tue ferite possano riaffiorare, le vedi come una bussola, un modo per orientarti in un territorio nuovo. Quando qualcosa ti fa scattare, invece di reagire automaticamente, ti fermi e ti chiedi: *Cosa sta succedendo? Quale parte di me si sente minacciata?* Questa consapevolezza non solo ti permette di gestire meglio le tue emozioni, ma crea anche uno spazio di apertura e onestà nella relazione. Quando condividi ciò che provi con l'altro, non solo mostri vulnerabilità, ma dai anche all'altro la possibilità di capirti, di connettersi con te a un livello più profondo.

Integrare le ferite guarite significa anche accettare che non tutte le relazioni saranno perfette, e che va bene così. Una delle trappole più comuni dopo la guarigione è aspettarsi che le nostre relazioni riflettano immediatamente il nostro cambiamento interiore. Ma le relazioni non sono mai unilaterali: coinvolgono due persone, ognuna con le proprie esperienze, le proprie paure, le proprie ferite. Integrare le ferite significa avere la pazienza di costruire legami basati sulla realtà, non sull'ideale. Significa accettare che ci saranno momenti di difficoltà, ma che questi non definiscono il valore di una relazione.

Un altro aspetto cruciale è la capacità di usare ciò che abbiamo imparato dalle nostre ferite per sostenere l'altro. Quando siamo stati feriti, sviluppiamo una sensibilità unica, una capacità di vedere e comprendere il dolore altrui. Questa sensibilità, se usata con saggezza, può diventare una risorsa incredibile nelle relazioni. Possiamo imparare a essere presenti per l'altro in un modo che non avremmo potuto fare prima. Possiamo riconoscere i segnali di sofferenza, offrire supporto, creare uno spazio sicuro in cui l'altro si senta visto e compreso. Ma per farlo, dobbiamo anche ricordarci di rispettare i nostri limiti, di non cadere nella trappola di cercare di "salvare" l'altro a discapito di noi stessi.

Integrare le ferite guarite significa anche imparare a vedere il conflitto in modo diverso. Quando siamo feriti, tendiamo a vedere il conflitto come una minaccia, qualcosa che mette in pericolo la relazione. Ma una volta che iniziamo a guarire, possiamo vedere il conflitto come un'opportunità. Ogni disaccordo, ogni momento di tensione è un'occasione per conoscere meglio noi stessi e l'altro, per approfondire la relazione invece di allontanarci. Questo richiede una comunicazione aperta, la capacità di ascoltare senza giudicare, e la disponibilità a lavorare insieme per trovare una soluzione che sia rispettosa di entrambi.

La guarigione ci insegna anche a essere più gentili con noi stessi e con gli altri. Quando integriamo le nostre ferite, impariamo a vedere che tutti, in un modo o nell'altro, portano con sé delle cicatrici. Questo ci permette di essere più empatici, di giudicare meno, di accettare di più. Non significa tollerare comportamenti dannosi, ma riconoscere che il dolore fa parte dell'esperienza umana, e che la connessione autentica nasce dalla capacità di accogliere non solo le luci, ma anche le ombre dell'altro.

Un altro elemento fondamentale è la gratitudine. Quando iniziamo a integrare le nostre ferite, ci rendiamo conto di quanto sia prezioso ogni momento di connessione autentica. Non diamo più per scontato l'amore, l'amicizia, il sostegno. Ogni gesto di gentilezza, ogni parola di conforto, ogni sorriso diventa un dono, qualcosa da apprezzare e custodire. E questa gratitudine, a sua volta, rafforza le nostre relazioni, perché ci insegna a valorizzarle, a investirci con intenzione e dedizione.

Integrare le ferite guarite nella vita relazionale non è un compito che si completa una volta per tutte. È un processo continuo, un viaggio che evolve con noi. Ogni relazione che costruiamo, ogni esperienza che viviamo, aggiunge un nuovo pezzo al puzzle. Ma è proprio questa continua evoluzione che rende il cammino così prezioso. Perché ogni passo che facciamo, ogni lezione che impariamo, ci avvicina non solo agli altri, ma anche a noi stessi.

Integrare le ferite guarite nella propria vita relazionale è come imparare una nuova lingua. È un processo che richiede tempo, pratica e una buona dose di pazienza, ma che porta a una forma di comunicazione più autentica e profonda. Le discipline analogiche ci insegnano che il dolore e le emozioni che proviamo non sono solo esperienze interne, ma veri e propri codici che utilizziamo per interagire con il mondo e con gli altri. Ogni gesto, ogni tono, ogni silenzio è intriso delle nostre esperienze passate e delle ferite che, guarite o meno, continuano a far parte del nostro linguaggio emotivo.

Quando iniziamo a integrare le ferite guarite, impariamo a tradurre quel linguaggio in un modo che sia costruttivo invece che distruttivo. Una persona che porta con sé la ferita dell'abbandono, per esempio, può aver passato anni a cercare costantemente conferme dagli altri, interpretando ogni distanza come un segnale di rifiuto. Ma una volta avviato il processo di guarigione, può iniziare a riconoscere quei comportamenti automatici, a interpretarli non come una verità assoluta, ma come un riflesso del proprio passato. E questa consapevolezza crea uno spazio per rispondere in modo diverso.

Le discipline analogiche sottolineano che ogni relazione è un gioco di simboli, un continuo scambio tra le nostre parti consce e inconsce. Quando integriamo le ferite, iniziamo a vedere questi simboli con maggiore chiarezza. In una relazione, un partner che si allontana può risvegliare un senso di rifiuto, ma invece di reagire con rabbia o chiusura, possiamo fermarci e chiederci: *Cosa sta comunicando questa situazione? Quale parte di me sta rispondendo?* Questo tipo di auto-riflessione non solo ci aiuta a comprendere meglio noi stessi, ma ci permette di costruire una comunicazione più chiara e rispettosa con l'altro.

Un elemento fondamentale nell'integrazione delle ferite guarite è la capacità di usare il linguaggio emotivo in modo consapevole. Le discipline analogiche ci insegnano che non è solo ciò che diciamo a contare, ma come lo diciamo. Quando esprimiamo i nostri bisogni o i nostri sentimenti, lo facciamo non solo con le parole, ma con il corpo, con il tono di voce, con l'energia che trasmettiamo. Integrare le ferite significa imparare a usare questo linguaggio con intenzione. Significa dire: *Mi sento vulnerabile in questo momento,* invece di attaccare o chiudersi. Significa creare uno spazio in cui l'altro si senta libero di rispondere, piuttosto che obbligato a difendersi.

Le relazioni diventano così un terreno di apprendimento reciproco, un luogo in cui possiamo esplorare non solo le nostre emozioni, ma anche quelle dell'altro. Le discipline analogiche parlano di un "campo emotivo condiviso," uno spazio in cui le energie di entrambe le persone si intrecciano, creando un terzo linguaggio che è unico per quella relazione. Integrare le ferite guarite significa imparare a navigare in questo campo con consapevolezza, riconoscendo i segnali che inviamo e quelli che riceviamo, e usando queste informazioni per rafforzare il legame invece di indebolirlo.

Un aspetto spesso trascurato è l'importanza del corpo nella relazione. Le ferite emotive si manifestano non solo nella mente, ma anche nel corpo: nella tensione delle spalle, nella chiusura del petto, nella postura difensiva. Quando iniziamo a guarire, il corpo diventa un alleato, un messaggero che ci avvisa quando stiamo scivolando in vecchi schemi. Integrare le ferite significa imparare ad ascoltare il corpo, a usare il linguaggio analogico del movimento per comunicare apertura invece che difesa. Una mano tesa, un abbraccio sincero, un sorriso possono avere un impatto maggiore di mille parole, se vengono da un luogo di autenticità.

Le discipline analogiche ci insegnano anche che il tempo è un fattore chiave nell'integrazione delle ferite. Ogni relazione si sviluppa secondo un ritmo unico, e forzare le cose può portare a risultati opposti a quelli desiderati. Integrare le ferite significa rispettare questo ritmo, essere pazienti con noi stessi e con l'altro. È come una danza: a volte ci avviciniamo, a volte ci allontaniamo, ma il movimento complessivo è verso una maggiore intimità e comprensione.

Un altro concetto fondamentale è la capacità di accettare l'imperfezione. Le ferite guarite non ci rendono immuni dal dolore, né ci garantiscono relazioni prive di conflitti. Ma ci danno gli strumenti per affrontare questi momenti con maggiore maturità e resilienza. Quando sorgono incomprensioni o difficoltà, possiamo scegliere di vederle non come fallimenti, ma come opportunità per crescere. Possiamo usare i principi delle discipline analogiche per decodificare ciò che sta accadendo, per capire non solo ciò che viene detto, ma ciò che viene comunicato a livello più profondo.

Alla fine, integrare le ferite guarite nella vita relazionale è un atto di amore: verso noi stessi, verso l'altro, verso la vita stessa. È un processo che ci permette di trasformare il nostro passato in una risorsa, il nostro dolore in una forza, le nostre cicatrici in ponti che ci connettono con gli altri. È un viaggio che richiede coraggio, ma che offre una ricompensa inestimabile: la possibilità di vivere relazioni che non solo riflettono ciò che siamo, ma che ci aiutano a diventare ciò che possiamo essere.

Capitolo 12: Il Viaggio Continua

La guarigione non è mai una meta, un punto di arrivo che segna la fine del nostro percorso. È un viaggio continuo, un movimento costante verso una versione più autentica e piena di noi stessi. Spesso, ci illudiamo che guarire significhi chiudere un capitolo, lasciarsi il passato alle spalle e procedere senza mai voltarsi indietro. Ma la realtà è più complessa, e forse più affascinante. Guarire significa imparare a convivere con ciò che siamo stati, con ciò che siamo, con ciò che possiamo ancora diventare. Non è una linea retta, ma un cerchio, un ciclo che ci invita a esplorare, scoprire, trasformare.

Ogni ferita che abbiamo vissuto lascia un'impronta. Non è qualcosa che possiamo cancellare, e nemmeno dovremmo cercare di farlo. Quelle impronte fanno parte della nostra storia, della nostra identità. Ma ciò che cambia, ciò che la guarigione ci regala, è il modo in cui ci relazioniamo a quelle impronte. Non le vediamo più come cicatrici che deturpano la nostra anima, ma come segni di una forza che abbiamo scoperto dentro di noi. Ogni volta che scegliamo di guardare il nostro dolore con gentilezza invece che con vergogna, di affrontarlo invece che di evitarlo, stiamo continuando il viaggio della guarigione.

La guarigione è un processo che si rinnova ogni giorno. Non è qualcosa che accade una volta per tutte, ma un modo di vivere, un approccio alla vita. Ogni esperienza, ogni relazione, ogni sfida è un'opportunità per approfondire quel processo, per scoprire nuovi livelli di consapevolezza e crescita. E non perché ci sia qualcosa di sbagliato in noi che dobbiamo costantemente correggere, ma perché la vita stessa è trasformazione. Nulla è statico, nulla è definitivo. La guarigione è il modo in cui scegliamo di muoverci attraverso quella trasformazione.

Ci saranno momenti in cui ci sembrerà di aver fatto passi indietro, in cui il dolore si ripresenterà con una forza che pensavamo di aver superato. Ma questi momenti non sono fallimenti. Sono parte del viaggio. Ogni volta che il dolore riemerge, lo fa per ricordarci qualcosa, per mostrarci un aspetto di noi stessi che forse abbiamo trascurato. E ogni volta che scegliamo di affrontarlo con apertura, stiamo avanzando, anche se non ce ne rendiamo conto.

Immagina la guarigione come un fiume. A volte scorre tranquillo, altre volte è turbolento. Ci sono curve, cascate, momenti di calma e momenti di caos. Ma il fiume non smette mai di scorrere. E ogni volta che ci immergiamo in esso, ogni volta che accettiamo il suo movimento, ci lasciamo trasformare. Non siamo mai la stessa persona che eravamo prima, e questo è il dono più grande della guarigione: la possibilità di cambiare, di crescere, di diventare.

Un aspetto cruciale della guarigione continua è la capacità di accogliere l'imperfezione. La società ci insegna a cercare la perfezione, a credere che solo quando avremo eliminato ogni difetto, ogni debolezza, potremo essere veramente felici. Ma la guarigione ci insegna una lezione diversa: che è nell'imperfezione che troviamo la nostra umanità, la nostra bellezza. Non dobbiamo essere perfetti per essere degni di amore, di rispetto, di connessione. Dobbiamo solo essere autentici.

Quando abbracciamo l'idea che la guarigione è un processo continuo, iniziamo a vedere ogni esperienza, anche quelle difficili, come parte del nostro cammino. Non c'è un punto in cui diciamo: *Ecco, ora sono guarito.* C'è solo il movimento, l'esplorazione, la scoperta. E in questo movimento, troviamo non solo la nostra forza, ma anche la nostra libertà. La libertà di essere chi siamo, con tutte le nostre luci e ombre, senza dover dimostrare nulla a nessuno.

La guarigione è anche un atto di fiducia. Fiducia nella vita, nel fatto che ogni cosa, anche il dolore, ha un significato. Non sempre lo vediamo subito, e non sempre lo capiamo. Ma quando ci fidiamo, quando lasciamo che il tempo faccia il suo lavoro, scopriamo che anche le esperienze più difficili possono portarci a qualcosa di bello. La guarigione non cancella il dolore, ma lo trasforma. E in quella trasformazione, troviamo un senso di pace, di completezza, di appartenenza.

Non importa dove siamo nel nostro viaggio, né quanto lontano pensiamo di dover andare. Ciò che conta è che stiamo camminando. Ogni passo, per quanto piccolo, è un atto di coraggio, un atto di amore verso noi stessi. E ogni passo ci avvicina non a una destinazione, ma a una connessione più profonda con la vita, con gli altri, con il nostro vero io.

Ti racconto una storia

C'era una volta una donna che si trovò davanti a un bivio. Non un bivio fisico, ma uno spirituale, emotivo, il tipo di scelta che si presenta senza preavviso e che ti chiede di guardarti dentro come non hai mai fatto prima. Aveva passato anni a nascondere il suo dolore, a costruire una vita che agli occhi degli altri sembrava impeccabile, ma che dentro di lei era un castello di carte, pronto a crollare al minimo soffio di vento. La sua ferita era il rifiuto, un taglio profondo che aveva origini lontane, in un'infanzia in cui i sorrisi mancati e gli sguardi distanti dei suoi genitori avevano seminato la convinzione che non fosse abbastanza.

Un giorno, qualcosa cambiò. Non fu un grande evento, ma un momento apparentemente insignificante. Era in una libreria, cercando un regalo per un amico, quando i suoi occhi si posarono su un libro che sembrava chiamarla. Lo aprì a caso, e le parole che lesse sembravano scritte per lei: *"Il dolore non è la fine, ma l'inizio. È il terreno da cui può germogliare qualcosa di nuovo."* Quelle parole la colpirono come un fulmine. Non erano solo un'idea, ma una verità che risuonava nel suo corpo, nella sua mente, nel suo cuore. Per la prima volta, si chiese se il suo dolore potesse avere un significato diverso da quello che aveva sempre pensato.

Iniziò un viaggio, non verso un luogo fisico, ma dentro sé stessa. Ogni passo era difficile, ogni scoperta dolorosa, ma anche liberatoria. Si rese conto di quante volte aveva cercato negli altri la conferma di un valore che non riusciva a trovare dentro di sé. Ogni relazione, ogni amicizia, ogni gesto era stato un tentativo di riempire un vuoto che non aveva mai osato guardare direttamente. Ma ora, armata di una nuova consapevolezza, decise di cambiare. Non in modo drastico o spettacolare, ma con piccoli gesti quotidiani. Si iscrisse a un corso di meditazione. Iniziò a tenere un diario. E, soprattutto, si permise di sentire. Non più solo le emozioni "accettabili," ma tutto: la rabbia, la tristezza, il senso di solitudine. Non cercò più di scappare, ma di ascoltare.

Il suo viaggio non fu lineare. Ci furono giorni in cui si sentiva invincibile, capace di affrontare qualsiasi cosa, e altri in cui il peso del passato sembrava schiacciarla. Ma ogni volta che cadeva, si rialzava, più forte, più consapevole. Scoprì che il dolore non era il nemico che aveva sempre temuto, ma un alleato che la stava spingendo verso qualcosa di più grande. Iniziò a vedere il mondo con occhi diversi. Le stesse situazioni che un tempo l'avrebbero fatta crollare ora erano opportunità per crescere, per imparare, per connettersi.

In una di quelle giornate di scoperta, mentre camminava lungo un sentiero immerso nel verde, le venne in mente una metafora. Pensò al dolore come a un albero. All'inizio, è solo un seme piantato nella terra oscura. Cresce lentamente, invisibile agli occhi, finché un giorno emerge alla superficie. È fragile, vulnerabile, ma con il tempo mette radici, si fortifica, si espande. E alla fine, diventa qualcosa di maestoso, capace di resistere alle tempeste, di offrire ombra, di nutrire la vita intorno a sé. Il suo dolore era quel seme, e la sua guarigione era l'albero che stava crescendo.

La trasformazione non era solo dentro di lei, ma anche nelle sue relazioni. Per anni, aveva cercato persone che confermassero le sue paure, che rafforzassero la sua convinzione di non essere abbastanza. Ma ora, con ogni passo verso l'autenticità, si accorgeva che attirava persone diverse: amici, colleghi, partner che vedevano in lei non solo le sue ferite, ma anche la sua forza, la sua bellezza, la sua capacità di amare. E, cosa più importante, lei stessa iniziava a vedere queste qualità in sé.

Non era una favola con un lieto fine predefinito. Non c'era un punto in cui tutto si risolveva magicamente. La vita continuava a portare sfide, momenti di dubbio, ricadute. Ma ogni volta, sapeva di avere gli strumenti per affrontarle. Sapeva di avere una forza che non dipendeva da nessun altro, ma che era radicata in lei. E con questa consapevolezza, ogni giorno era un'opportunità per scrivere una nuova pagina della sua storia.

Il messaggio che questa donna portava con sé, e che ora condivideva con chiunque incontrasse sul suo cammino, era semplice ma potente: *Non importa quanto profonda sia la tua ferita, non importa quanto grande sia il tuo dolore, c'è sempre speranza. Non sei definito da ciò che ti è accaduto, ma da ciò che scegli di fare con esso. E ogni passo, per quanto piccolo, è un atto di coraggio, un atto di amore verso te stesso.*

Mantenere viva la consapevolezza e la crescita dopo un percorso di guarigione è un impegno continuo, una promessa che facciamo a noi stessi di onorare il cammino intrapreso. Non è una meta raggiunta una volta per tutte, ma una pratica quotidiana, una scelta consapevole di vivere in armonia con ciò che abbiamo scoperto di noi stessi. La guarigione non è un punto di arrivo, ma un viaggio che richiede costanza, attenzione e una profonda connessione con la nostra essenza.

Immagina di aver attraversato un sentiero tortuoso per raggiungere un luogo di pace interiore. Non puoi semplicemente fermarti lì e aspettarti che quella pace duri per sempre senza alcuno sforzo. La natura della vita è il cambiamento, e con esso arrivano nuove sfide, nuovi dolori, nuovi insegnamenti. Per mantenere viva la consapevolezza, dobbiamo continuare a coltivare la nostra crescita come faremmo con un giardino: annaffiando le radici, rimuovendo le erbacce e accogliendo i cicli naturali delle stagioni.

Uno dei pilastri fondamentali per mantenere la consapevolezza è il *riconoscimento delle emozioni*. La guarigione ci insegna a non fuggire da ciò che sentiamo, ma a osservarlo, a comprenderlo, a dare spazio anche alle emozioni scomode. Questo è un processo che richiede attenzione continua. Ogni giorno, prenditi del tempo per chiederti: *Come mi sento? Quali emozioni sto provando in questo momento? Cosa stanno cercando di comunicarmi?* Questo dialogo interiore ti permette di restare connesso con te stesso, di riconoscere quando qualcosa inizia a distorcersi e di intervenire prima che si trasformi in un blocco.

La consapevolezza si alimenta anche attraverso la pratica della gratitudine. Non si tratta di ignorare i momenti difficili o di fingere che tutto vada bene, ma di allenare la mente a vedere il buono anche nelle piccole cose. Ogni sera, dedica qualche minuto a riflettere su ciò per cui sei grato. Può essere un gesto gentile ricevuto, una parola che ti ha toccato, o semplicemente il calore del sole sulla pelle. La gratitudine non elimina le difficoltà, ma le ridimensiona, ti aiuta a ricordare che, accanto al dolore, c'è sempre anche bellezza.

Un'altra strategia potente è il *diario di consapevolezza*. Non deve essere un esercizio complesso: basta una pagina al giorno in cui annoti i tuoi pensieri, le tue emozioni, le tue riflessioni. Questo non solo ti aiuta a chiarire ciò che senti, ma crea anche uno spazio sicuro in cui esplorare i tuoi stati interiori senza giudizio. Rileggere ciò che hai scritto nel tempo ti permette di vedere quanto sei cresciuto, di riconoscere i tuoi schemi ricorrenti e di celebrare i progressi fatti.

Mantenere viva la crescita richiede anche la capacità di accogliere il cambiamento. Spesso, ci aggrappiamo a ciò che conosciamo per paura di perdere il controllo. Ma la vita è un flusso continuo, e ogni cambiamento porta con sé l'opportunità di imparare qualcosa di nuovo. Quando ti trovi davanti a una situazione imprevista, chiediti: *Cosa posso imparare da questo? Come posso usare questa esperienza per crescere?* Questo atteggiamento ti aiuta a vedere il cambiamento non come una minaccia, ma come un alleato nel tuo percorso di evoluzione.

Le relazioni giocano un ruolo cruciale nel mantenere viva la consapevolezza. Le persone che scegliamo di avere accanto possono amplificare la nostra crescita o limitarla. Circondati di persone che ti sostengono, che ti sfidano a essere la versione migliore di te stesso, che ti offrono un riflesso autentico di chi sei. Ma ricorda anche che nessuna relazione è perfetta, e che ogni connessione umana richiede lavoro, pazienza e compassione. Coltiva relazioni in cui puoi essere te stesso senza paura di essere giudicato, in cui c'è spazio per la vulnerabilità, per la condivisione, per il supporto reciproco.

Un altro aspetto fondamentale è il *prendersi cura di sé*. Questo va oltre le pratiche di auto-cura superficiali. Significa nutrire il corpo, la mente e l'anima in modo intenzionale. Dedica del tempo ogni giorno a qualcosa che ti fa sentire vivo: una passeggiata nella natura, un bagno caldo, la lettura di un libro che ami. Questi momenti non sono solo pause dalla vita, ma atti di amore verso te stesso, promemoria del fatto che meriti attenzione e cura.

La meditazione è uno strumento straordinario per mantenere viva la consapevolezza. Anche pochi minuti al giorno possono fare una grande differenza. Non devi diventare un esperto o seguire tecniche complicate: basta sederti in silenzio, chiudere gli occhi e portare l'attenzione al tuo respiro. Ogni volta che la mente vaga, riportala dolcemente al presente. Questa pratica ti aiuta a rimanere ancorato nel qui e ora, a osservare i tuoi pensieri e le tue emozioni senza essere sopraffatto da essi.

Infine, mantieni viva la consapevolezza attraverso l'atto di imparare. La crescita non ha mai fine, e ci sono infinite strade da esplorare. Leggi libri che ti ispirano, partecipa a workshop, cerca nuove esperienze. Ogni volta che espandi la tua conoscenza, espandi anche la tua capacità di vedere il mondo con occhi nuovi, di vivere in modo più pieno e consapevole.

Mantenere viva la consapevolezza e la crescita è un viaggio, non un compito da spuntare. È un atto di amore verso te stesso, un modo per onorare il cammino che hai intrapreso e per prepararti a tutto ciò che ancora ti aspetta. E in quel viaggio, scoprirai che non importa quanto lontano pensi di dover andare: ciò che cerchi è già dentro di te, pronto a rivelarsi un passo alla volta.

Il mio pensiero

Scrivere di ferite emotive significa immergersi in un territorio complesso, profondo, spesso inesplorato. Ogni ferita è unica, ma allo stesso tempo universale. È un promemoria di quanto siamo fragili, ma anche di quanto possiamo essere forti. Le ferite non sono solo cicatrici che portiamo dentro di noi: sono storie, storie che parlano di ciò che abbiamo vissuto, di ciò che abbiamo perso, di ciò che ci ha segnato. E sono anche, in qualche modo, la mappa per ritrovare noi stessi.

Viviamo in una società che tende a nascondere le ferite, a considerarle un segno di debolezza. Sin da piccoli ci viene insegnato a non piangere, a non mostrare vulnerabilità, a "tirare avanti." E così impariamo a nascondere il nostro dolore, a costruire maschere che ci fanno apparire forti, invulnerabili. Ma dietro quelle maschere, le ferite continuano a pulsare. E più le ignoriamo, più ci guidano, influenzano le nostre scelte, i nostri rapporti, la nostra visione del mondo.

Il problema è che non ci viene insegnato a riconoscere queste ferite, a capire da dove vengono, a vedere come influenzano la nostra vita. La mancanza di educazione emotiva è una delle grandi carenze della nostra epoca. Si parla di successo, di produttività, di competizione, ma raramente si parla di ciò che ci rende umani: le emozioni, il dolore, la connessione. L'ignoranza emotiva non è solo un ostacolo alla guarigione personale, ma anche un freno alla crescita collettiva. Una società che ignora le emozioni è una società che costruisce muri invece di ponti, che privilegia il controllo sulla compassione, che vede le ferite come un fallimento invece che come una parte naturale dell'esperienza umana.

L'impatto della società sulle ferite emotive è evidente ovunque. Pensiamo al mondo del lavoro, dove spesso veniamo valutati non per chi siamo, ma per ciò che produciamo. Il valore di una persona viene misurato in numeri, in risultati, in performance. Ma cosa succede quando quella persona porta con sé una ferita? Quando il rifiuto, l'abbandono o l'ingiustizia si manifestano nei rapporti con i colleghi, nei giudizi dei superiori, nelle dinamiche competitive? Il lavoro diventa non solo un luogo di crescita, ma anche un campo di battaglia, dove le ferite vengono riaperte continuamente.

E cosa dire del governo e delle istituzioni? Le politiche spesso sembrano costruite per ignorare, se non amplificare, le ferite delle persone. Chi vive con la ferita dell'abbandono, ad esempio, può sentirsi ulteriormente marginalizzato in una società che privilegia l'individualismo, che lascia indietro i più vulnerabili. Chi porta con sé la ferita dell'umiliazione può trovarsi schiacciato da un sistema che sembra progettato per far sentire le persone inadeguate, che esalta chi ha successo e ignora chi lotta.

Poi ci sono i dogmi religiosi, che spesso giocano un ruolo cruciale nel modo in cui percepiamo e gestiamo le ferite. La religione, in molte culture, viene presentata come una fonte di conforto, di guida, di speranza. Eppure, può anche essere un'arma a doppio taglio. Quando i dogmi diventano rigidi, quando si basano su sensi di colpa, su giudizi, su ideali irraggiungibili, possono trasformarsi in una prigione emotiva. Chi porta con sé la ferita dell'ingiustizia può sentirsi oppresso da un sistema che predica il perdono senza riconoscere il dolore. Chi vive con la ferita del rifiuto può percepire la religione come un'ulteriore conferma del proprio senso di inadeguatezza, una voce che dice: *Non sei abbastanza.*

Eppure, nonostante tutto, c'è speranza. Questo libro non è solo un'esplorazione delle ferite emotive, ma un invito alla trasformazione. Non possiamo cambiare il passato, ma possiamo cambiare il modo in cui lo portiamo con noi. Le ferite, una volta guarite, non scompaiono, ma si trasformano. Diventano parti di noi che non ci definiscono più, ma che ci arricchiscono. Diventano strumenti di connessione, di comprensione, di crescita.

La società, il governo, le istituzioni, la religione: tutti questi elementi giocano un ruolo nel modo in cui viviamo e percepiamo le nostre ferite. Ma c'è qualcosa di più forte, di più potente: la nostra capacità di scegliere. Possiamo scegliere di guardare dentro di noi, di affrontare ciò che fa male, di cercare la guarigione. Possiamo scegliere di costruire relazioni autentiche, di educarci emotivamente, di creare una vita che non sia solo un riflesso delle nostre ferite, ma un'espressione della nostra forza.

Alla fine, questo libro non è solo una guida per comprendere e guarire le ferite emotive. È un messaggio di speranza. È un promemoria che, nonostante tutto, c'è sempre una possibilità di cambiamento, di crescita, di trasformazione. È un invito a guardare il dolore non come una condanna, ma come una porta. Una porta che, se abbiamo il coraggio di aprirla, può condurci a una vita più autentica, più piena, più libera.

E forse, il messaggio più importante è questo: non siamo soli. Le ferite emotive sono universali, fanno parte della condizione umana. Ma anche la guarigione lo è. Ogni passo che facciamo verso la consapevolezza, ogni scelta che facciamo verso l'amore, ogni momento in cui scegliamo di vedere noi stessi e gli altri con compassione, è un atto di guarigione collettiva. E in quel cammino, troviamo non solo noi stessi, ma anche gli altri. Troviamo la connessione, la comunità, l'umanità.

Le ferite emotive non sono solo una parte della nostra storia, ma la chiave per riscriverla. Non esiste una vita priva di dolore, e chiunque prometta il contrario racconta una menzogna che tradisce l'essenza dell'esistenza umana. Tuttavia, dentro ogni ferita c'è un potenziale inespresso, un seme di trasformazione che attende solo di essere nutrito. Questo libro è stato un viaggio attraverso il buio e la luce, un'esplorazione delle cicatrici che portiamo dentro di noi e delle possibilità che ci offrono.

Viviamo in un mondo che spesso non riconosce il valore delle ferite, che le nasconde dietro strati di silenzi, dogmi e convenzioni. La società ci dice che dobbiamo essere sempre forti, che il dolore è un segno di debolezza, che le emozioni sono un ostacolo alla razionalità. Il governo e le istituzioni, che dovrebbero prendersi cura del nostro benessere, a volte sembrano progettati per amplificare il senso di ingiustizia, di abbandono, di esclusione. Le religioni, con i loro dogmi, spesso impongono sensi di colpa e ideali irraggiungibili, trasformando la ricerca di conforto in una prigione emotiva.

Ma la verità è che non siamo ciò che la società ci dice di essere. Non siamo definiti dai ruoli che ricopriamo, dai successi che otteniamo, dalle aspettative che non riusciamo a soddisfare. Siamo molto di più. Siamo esseri complessi, vulnerabili, straordinariamente resilienti. Siamo il risultato delle nostre esperienze, ma anche delle scelte che facciamo ogni giorno. E scegliere di guardare le nostre ferite non come condanne, ma come opportunità, è l'atto di coraggio più grande che possiamo compiere.

Immagina di essere su una spiaggia deserta al tramonto. Le onde lambiscono la riva, portando con sé pezzi di legno, conchiglie, frammenti di storie lontane. Ogni ferita che hai vissuto è come un pezzo di quel legno, eroso dall'acqua, segnato dal tempo. All'inizio, sembra solo un detrito, qualcosa che il mare ha gettato via. Ma se lo guardi più da vicino, scopri che ogni pezzo racconta una storia, che ogni frammento è parte di un tutto più grande. E così, mentre il sole si abbassa all'orizzonte, ti rendi conto che anche le tue ferite, per quanto dolorose, sono parte di ciò che ti rende unico.

La guarigione è come raccogliere quei pezzi e trasformarli in qualcosa di nuovo. È un processo creativo, un atto di amore verso noi stessi. Non si tratta di cancellare il passato, ma di integrarlo, di usarlo come una base per costruire qualcosa di diverso. Ogni ferita guarita diventa un punto di forza, ogni cicatrice un simbolo della nostra capacità di resistere, di adattarci, di crescere.

Eppure, guarire non significa diventare invulnerabili. Significa accettare che la vulnerabilità è parte della vita, che il dolore può tornare, che ci saranno momenti difficili. Ma la differenza è che ora sappiamo di poterli affrontare. Sappiamo che il dolore non ci definisce, che non è una fine, ma un passaggio. E sappiamo che non siamo soli.

In questo viaggio, non siamo mai davvero soli. Le nostre ferite ci connettono agli altri, perché sono universali. Ognuno di noi, in un modo o nell'altro, porta dentro di sé cicatrici simili. E in questa condivisione, troviamo forza, comprensione, compassione. Ogni volta che scegliamo di essere autentici, di mostrare le nostre fragilità, di tendere una mano all'altro, stiamo costruendo un mondo in cui le ferite non sono più motivo di vergogna, ma di connessione.

Alla fine, la vera guarigione non riguarda solo noi stessi, ma il modo in cui scegliamo di vivere nel mondo. Ogni gesto di amore, di gentilezza, di empatia è un atto di guarigione collettiva. Ogni volta che scegliamo di ascoltare invece di giudicare, di comprendere invece di reagire, di accogliere invece di respingere, stiamo contribuendo a creare un mondo in cui le ferite possono essere accolte, trasformate, celebrate.

E quindi, il viaggio continua. Non c'è una destinazione finale, non c'è un punto in cui possiamo dire di aver completato il lavoro. Ma c'è una strada, e su quella strada troviamo bellezza, scoperta, crescita. Le ferite non scompaiono, ma si trasformano in qualcosa di prezioso, in una testimonianza della nostra capacità di resistere e di amare. E nel cammino, scopriamo che la vera forza non è l'assenza di dolore, ma la capacità di accoglierlo, di trasformarlo, di usarlo come una fonte di luce.

La tua storia non è finita. Ogni giorno è un nuovo capitolo, una nuova opportunità di scegliere la guarigione, la consapevolezza, l'amore. E in questo viaggio, non sei mai davvero solo.

Pietro Sangiorgio

L'ECO DELL'INFANZIA

152

INFORMAZIONI SULL'AUTORE

Pietro Sangiorgio è l'autore della rinomata collana *Inside and Outside - Comunicare dentro e fuori* ed è un profondo conoscitore del comportamento umano, della comunicazione persuasiva e della comunicazione non verbale. La sua straordinaria formazione abbraccia molteplici ambiti della psicologia e delle neuroscienze, che gli hanno permesso di sviluppare un'eccezionale capacità di comprendere le potenzialità – positive e negative – di ogni individuo, così come le possibili deviazioni comportamentali.

Il suo percorso inizia con lo studio approfondito della **Psicologia della Personalità e dei suoi Disturbi**, unito a ricerche mirate sulla **Neuropsicologia** e sulle **Neuroscienze Cognitive**, discipline che esplorano il funzionamento della mente e le sue interazioni con il comportamento umano. Questa base teorica è stata affiancata da uno studio affascinante, quanto unico, sulla vita e sulle dinamiche mentali dei più grandi truffatori e serial killer della storia. Attraverso queste ricerche, Pietro ha sviluppato una comprensione unica delle deviazioni comportamentali e delle potenzialità nascoste nell'essere umano.

Dopo questa prima fase di ricerca, Pietro ha approfondito le **Discipline Analogiche** presso il *CID-CNV – Istituto di Psicologia Analogica e di Ipnosi Dinamica*, fondato nel 1978 da **Stefano Benemeglio**, oggi conosciuto come **U.P.D.A...** Questi studi gli hanno permesso di arricchire ulteriormente la sua conoscenza del linguaggio emotivo e delle dinamiche inconsce, integrando il sapere scientifico con una visione umanistica e pragmatica.

Un approccio unico alle emozioni e ai turbamenti umani
Grazie agli insegnamenti delle Discipline Analogiche, Pietro ha acquisito strumenti avanzati per comprendere e decodificare il linguaggio emotivo, trasformando gesti, comportamenti e parole in

strumenti di comunicazione efficace. Questo sistema permette di affrontare i turbamenti radicati nell'inconscio e di trasformarli in risorse per la crescita personale. La sua competenza si estende anche all'**Ipnosi Dinamica**, una tecnica che consente di accedere direttamente alle radici emotive dei turbamenti, anticipando i tempi della soluzione e bypassando i filtri razionali dell'Io.

Psicologia, analogia e trasformazione
Pietro abbraccia pienamente la **Filosofia Analogica**, che riconosce all'inconscio un'intelligenza emotiva basata sul principio dell'analogia, un meccanismo che collega le esperienze passate e presenti dell'individuo attraverso turbamenti emotivi ricorrenti. Questa visione gli consente di esplorare in profondità i blocchi emotivi che impediscono agli individui di raggiungere la serenità e la felicità. Inoltre, il suo lavoro include l'utilizzo della **Fisioanalogia**, che esamina le relazioni tra mente e corpo nello sviluppo di somatizzazioni e malattie, ponendo l'attenzione sul passato emozionale come causa principale dei disturbi fisici.

Un messaggio di consapevolezza e rinascita
Con il suo approccio unico, Pietro Sangiorgio si dedica a promuovere un nuovo livello di consapevolezza personale e collettiva. Le sue opere, le sue ricerche e i suoi insegnamenti si rivolgono non solo a professionisti – come medici, psicologi, educatori e manager – ma anche a chiunque desideri comprendere meglio sé stesso e gli altri. La sua missione è aiutare le persone a trasformare le ferite emotive in strumenti di connessione, crescita e libertà.

Attraverso il suo lavoro, Pietro Sangiorgio dimostra che ogni essere umano, indipendentemente dal proprio passato, ha il potenziale per rinascere e creare una vita autentica, in armonia con le proprie emozioni e relazioni. Le sue competenze, unite alla passione e all'empatia che contraddistinguono il suo approccio, fanno di lui una guida preziosa nel viaggio verso una maggiore consapevolezza di sé.

L'ECO DELL'INFANZIA

156